京都レトロ喫茶とカフェ巡り

片岡れいこ著

歴史を紐解き、今に息づく「京都の喫茶店文化」を楽しむ

喫茶店の「喫茶」の由来は、「お茶を一服いかがですか」という意味を持つ禅の言葉「喫茶去（きっさこ）」から。本来、中国から伝わったお茶を飲む習慣を、その後は日本茶を指していた〝喫茶〟は、やがてコーヒーや紅茶を提供する「喫茶店」の文化へと発展していきます。古くから暮らしの中に日本茶が根づき、お茶を飲みながら語り合うことが自然に行われてきた京都。そして、日本でいちばんコーヒーの消費量が多いのも、実は京都なのです。

日本へ最初にお茶が伝来したのは、奈良・平安時代。貴族や僧侶階級の間で飲まれていましたが、一般には広まらず衰退してしまいます。鎌倉時代に、禅僧・栄西が薬のような効用も含めて中国から茶種を持ち帰り、喫茶文化を復興・普及させました。後に臨済宗の開祖となり、「茶祖」とも呼ばれた彼の業績は、茶の湯にもつながっていきます。室町時代には、東寺門前で、商人が茶を淹れて参拝者に売る「一服一銭」という茶店を出していたことが記録に残っています。これが喫茶店の原形だと言われており、喫茶が上流階級から庶民に広がり始めました。

江戸時代には、寺社参拝の休憩所である「掛茶屋（水茶屋）」が登場します。京都では、八坂神社南門前に2軒の茶屋があり、「二軒茶屋」として評判を呼んでいました。そのうちの1軒は、今も同じ場所に残る料亭『中村楼』と茶店『二軒茶屋』（P48で紹介）の前身です。

さらに、コーヒーは江戸時代、紅茶は明治時代に日本に入ってきました。明治30年代には洋風の飲み物を提供する「ミルクホール」が登場。やがて「カフェー」に発展し、女給が

コーヒーや洋酒を客に運び流行歌を歌うなどのサービスをしていました。昭和初期には、「カフェー」からアルコールを出さない純喫茶に枝分かれしていきます。京都で最も古い『進々堂 京大北門前』（P116で紹介）をはじめ、今も愛されている老舗喫茶店が開店したのもこの頃。創業者の想いを反映した自由な空気と、ヨーロッパ調のデザインやインテリアで彩られたサロン的空間に魅せられ、当時の人々は交流の場として夢中になったのです。

幸いにして第二次世界大戦の戦災を免れたおかげで、京都では戦前から続く喫茶店が守られ、新旧の店が街の中に共存してきました。戦後に現れたコーヒー専門店や名曲喫茶など、独自の個性を持つ店が加わって、多彩な喫茶店文化が花開きます。このような京都ならではの多種多様な喫茶店を支えたのは、商家の旦那衆や伝統産業を担う職人、作家や画家などの芸術家、そして大学の街に集う多くの学生や教授たちでした。千年以上の歴史を紡いできた古都・京都は、長い歴史を持つ喫茶店やこだわりのカフェが数多く存在する、「喫茶店の街」でもあるのです。

この本では、京都に古くから残り人々に愛され続けている老舗の喫茶店から、建物の古い独特の風情あるカフェ、調度品やインテリアが懐かしい個性的なカフェから、代々のオーナーが受け継いできた昔ながらの喫茶店など、極選の50のお店を紹介します。エリアごとに昔からの暮らしやお土地柄が色濃く残り、それが店の個性にも影響しているのも見どころのひとつ。今に息づく京都ならではの多彩な喫茶店文化を、ぜひ感じ取っていただければ幸いです。

もくじ

この本の使い方

この本は、京都市に点在する50のレトロ喫茶とカフェを5つのエリアに分けて紹介しています。
＊P7の京都市広域マップ上に、5つのエリアを表示しています。
＊各エリアの最初のページに、そのエリアの特色と、より詳細なエリアマップを掲載しています。
＊エリアマップ内のお店の番号と、紹介ページのお店の番号を照らし合わせて探すことができます。

【お店の番号】
各章の冒頭エリアマップ内の番号と照らし合わせてお店のある場所を確認してください。目次の番号とも連動しています。

＊お店紹介ページ

11
Ichikawaya Coffee

[上] ロースターが置かれた吹き抜けの土間。清水焼の工房だった建物は、間口が広く伸びやか。[左] 板の間にある厨房は、昔ながらの喫茶店スタイルでローカウンターが取り囲む。家族連れや年配の方も寛ぎやすい設計。

壬生菜のミックスサンドウィッチは、絶妙な塩加減の卵がたっぷり。3種類あるブレンドコーヒーは、ネルドリップで抽出されている。

大事に使われていたのだろう。艶やかな箱階段。いまは、コーヒー器具や清水焼のカップのディスプレイ棚として利用している。

8:00から開店しているのは、お客様に素敵な朝を迎えてほしいから。明るい窓際の席で、朝の街を眺めながら美味しいモーニングを。

Address 京都市東山区渋谷通東大路西入る鐘鋳町396-2
Tel 075-748-1354
Open 8:00～17:00／毎週火曜、第2·4水曜休
Other 全席禁煙、中庭で喫煙可

場所によって異なるデザインの照明が取りつけられているから。今日はどれを見るかで席を選ぶのも一興。

市川屋珈琲

築200年の陶芸工房だった建物で気持ちのよいモーニングタイムを

東山エリア・馬町の路地を入って、店頭の赤いスクーターが目印。1995年の創業以来、青磁のブルーの看板と白い暖簾が変わらずお客様をお迎えする。店主の祖父の陶芸工房だった築200年の町家の中は、和と洋のバランスがよいデザイン。中庭のある土間の1人席、奥のグループ席…どこに座っても落ち着けるのがいい。月替わりの果物を使った「季節のフルーツサンド」は、すっかり名物に。趣のある空間に、品格のある接客。そして、優しくスタンダードな味わいのコーヒーから一日が始まるとは、なんて幸福なことだろう。地元の常連客をはじめ、京都を訪れる度に足を運んでくれる方、毎日来てくださるロングステイの観光客。「すべてのお客様が心地よく過ごせ、気持ちよくお帰りになれるように」という店主の想いが、店内の光景に結実している。

【インフォメーション欄】

著者のお気に入りをイラストで紹介。

Address
Tel
Open
} お店の所在地、電話番号、営業時間、定休日などを掲載しています。

Other 喫煙、駐車の可能な場合など特記事項を掲載。喫煙は分煙や時間制限がある場合があります。駐車は時間制限や割引などの場合があります。

【タイトル欄】
お店の名前を記載しています。目次と連動しています。

【お店の紹介文】
歴史や特色、おすすめメニューなど、お店の魅力を紹介していきます。実際の雰囲気が分かるように、写真と併せて分かりやすく記載しています。

【注意】
本書の情報は、2025年2月のものです。お店の事情や時勢などの影響により、営業時間や定休日などが記載と異なる可能性がありますので、お出かけの際にはHPなどで必ず事前にご確認ください。

京都市広域マップ

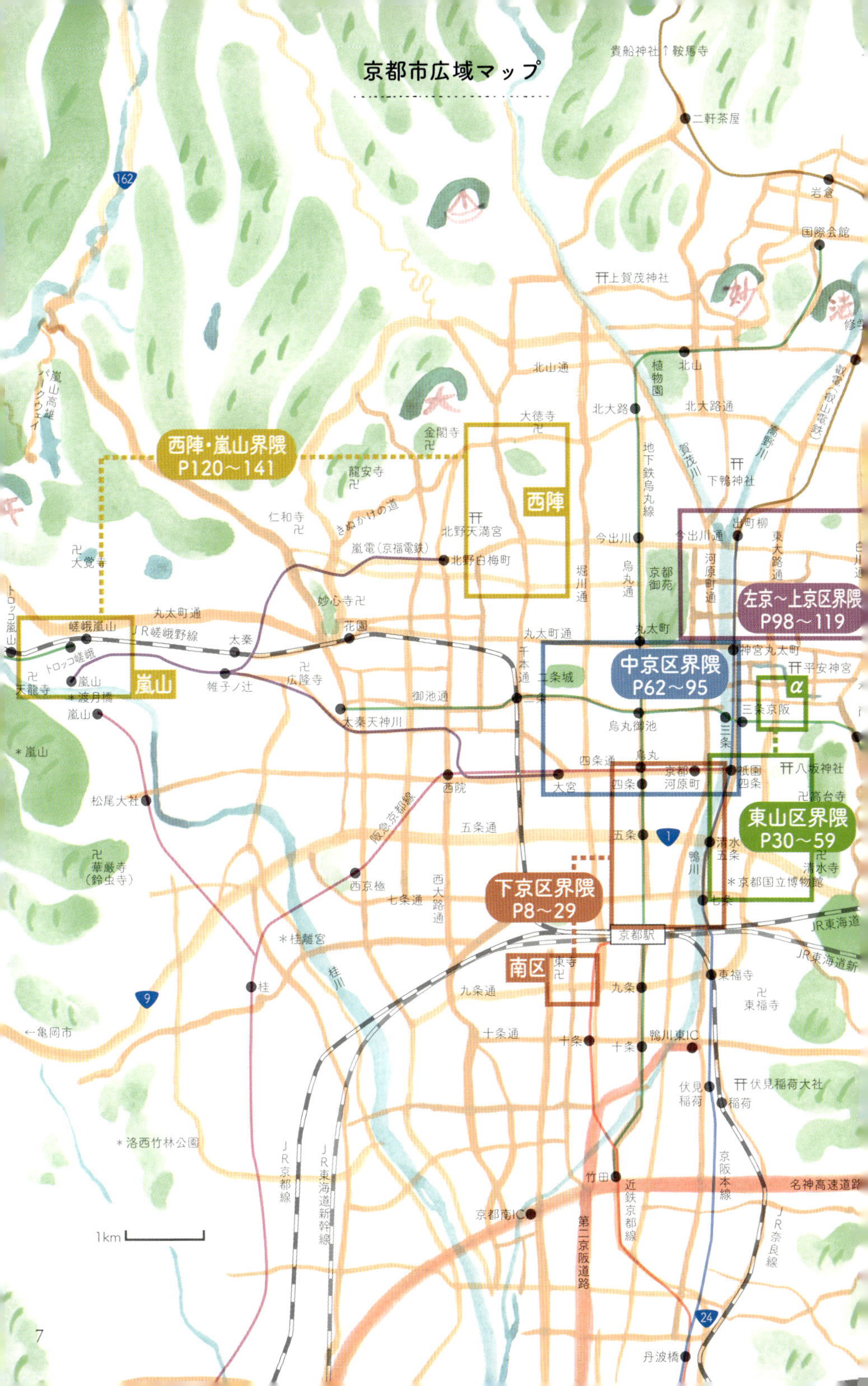

貴船神社↑鞍馬寺
二軒茶屋
岩倉
国際会館
上賀茂神社
妙
法
修学
北山
植物園
北山通
北大路
北大路通
賀茂川
高野川
叡電(叡山電鉄)
下鴨神社
大徳寺
金閣寺
龍安寺
西陣・嵐山界隈 P120〜141
西陣
仁和寺
きぬかけの道
北野天満宮
北野白梅町
嵐電(京福電鉄)
大覚寺
嵐山高雄パークウェイ
162
地下鉄烏丸線
今出川
今出川通
出町柳
東大路通
河原町通
京都御苑
烏丸通
堀川通
左京〜上京区界隈 P98〜119
妙心寺
丸太町通
丸太町
花園
太秦
JR嵯峨野線
嵯峨嵐山
トロッコ嵯峨
トロッコ嵐山
嵐山
天龍寺
*渡月橋
嵐山
*嵐山
帷子ノ辻
広隆寺
太秦天神川
御池通
千本通
二条城
二条
中京区界隈 P62〜95
神宮丸太町
平安神宮
α
三条京阪
三条
烏丸御池
四条通
烏丸
大宮
四条
京都河原町
祇園四条
八坂神社
高台寺
東山区界隈 P30〜59
西院
阪急京都線
松尾大社
五条通
五条
1
清水五条
清水寺
鴨川
*京都国立博物館
華厳寺(鈴虫寺)
西京極
西大路通
七条通
下京区界隈 P8〜29
七条
JR東海道
JR東海道線
*桂離宮
京都駅
南区
東寺
桂川
桂
9
九条通
九条
東福寺
←亀岡市
十条通
十条
鴨川東IC
伏見稲荷
稲荷
伏見稲荷大社
*洛西竹林公園
JR京都線
JR東海道新幹線
竹田
近鉄京都線
京阪本線
名神高速道路
京都南IC
第二京阪道路
JR奈良線
1km
24
丹波橋

下京区界隈

四条通や木屋町通の賑わい、伝統工業や祇園祭などの歴史と伝統が感じられるなかに、庶民的な日常生活もしっかり根づいている。都心の利便性と暮らしとのバランスがよいエリア。

○間(MA)

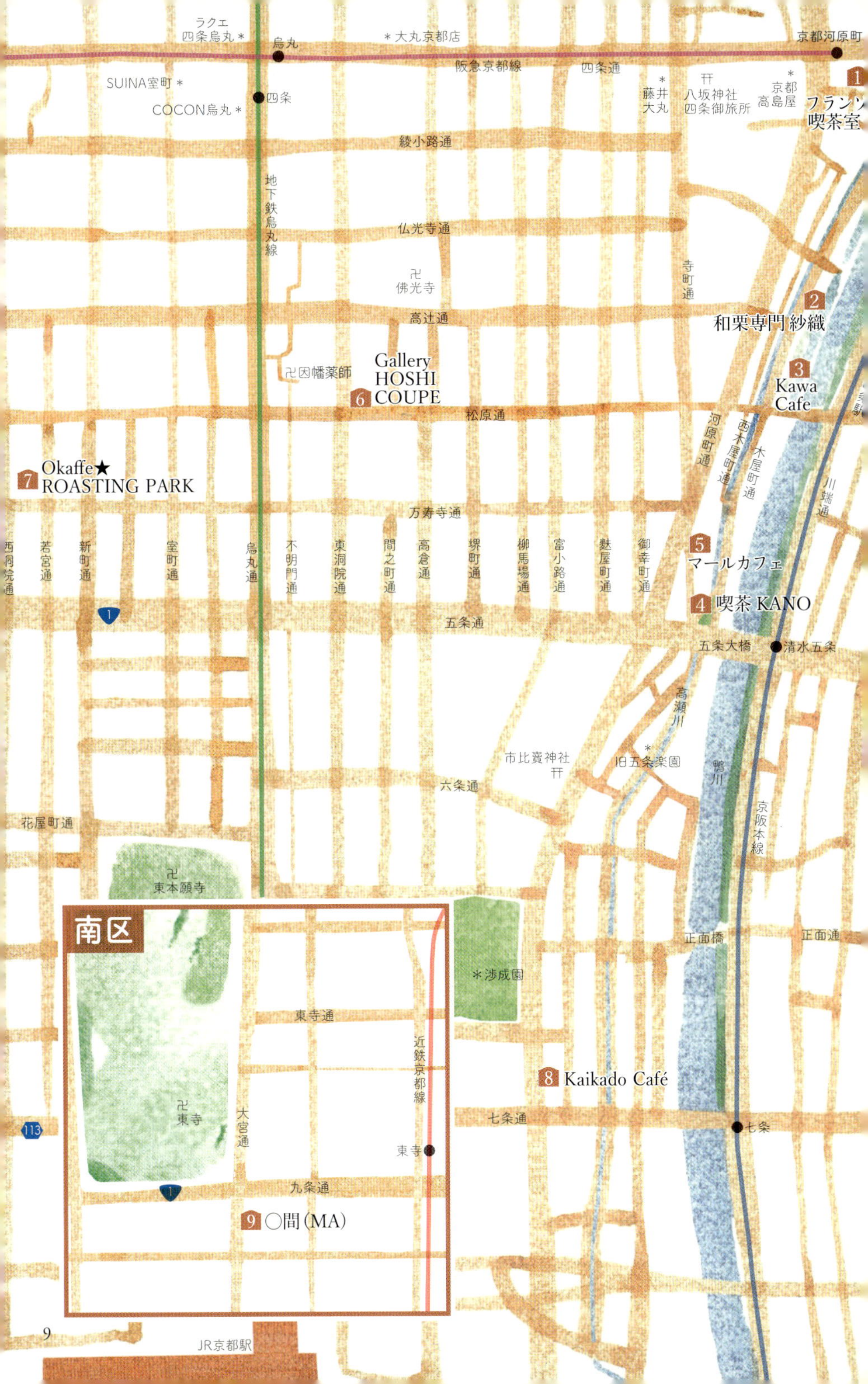
ラクエ
四条烏丸＊
烏丸
＊大丸京都店
京都河原町
阪急京都線
四条通
SUINA室町＊
四条
COCON烏丸＊
＊
藤井
大丸
八坂神社
四条御旅所
＊
京都
高島屋
1
フランソ
喫茶室
綾小路通
地下鉄烏丸線
仏光寺通
佛光寺
寺町通
2
和栗専門紗織
高辻通
因幡薬師
Gallery
HOSHI
6 COUPE
3
Kawa
Cafe
松原通
河原町通
西木屋町通
木屋町通
川端通
7 Okaffe★
ROASTING PARK
万寿寺通
西洞院通
若宮通
新町通
室町通
烏丸通
不明門通
東洞院通
間之町通
高倉通
堺町通
柳馬場通
富小路通
麩屋町通
御幸町通
5
マールカフェ
4 喫茶 KANO
1
五条通
五条大橋
清水五条
高瀬川
市比賣神社
＊
旧五条楽園
鴨川
六条通
京阪本線
花屋町通
東本願寺
南区
＊渉成園
正面橋
正面通
東寺通
近鉄京都線
8 Kaikado Café
113
東寺
大宮通
七条通
七条
東寺
1
九条通
9 ○間（MA）
JR京都駅

フランソア喫茶室

自由を象徴する豪華客船がモチーフ
戦前からカフェ文化を牽引してきた名店

四条河原町でコーヒーを飲みながらしっとり寛ぎたかったら、つい出る言葉は「フランソアに行こう」。老若男女、幅広い年代の人たちで昼夜問わず賑わう、1934年創業の老舗喫茶店である。

創業者の立野正一は、次第に戦時色が強まり言論が不自由になっていった時期に、思想や芸術を自由に語れる場として『フランソア喫茶室』を開店。設計やデザインなど芸術家仲間とつくり上げた優美な店は、自由を愛する進歩的な若者が集うサロンとなった。立野氏が精魂込めた、創業当時の照明や複製名画の数々、大改装当時のイタリアン・バロックな内装はほぼそのまま残っており、2002年に日本で初めて喫茶店として国の登録有形文化財に指定された。

いまでも美しいステンドグラスの窓からは、朝、昼、夕と趣の違う光が差し込み、店内にクラシック音楽が静かに流れる。赤いビロードの椅子が待つ客席に案内される時に足元で鳴る、木を張り巡らせた床のきしむ音も心地よい。ここには、レトロという言葉だけでは言い表せない歴史と伝統が息づいている。

［右］外観のデザインが左右で異なるのは、別々の町家だったから。［下］1941年、北側の町家を買い取った際の大改装で、大海原を行く豪華客船をイメージした内装に生まれ変わった。ドーム状の天井は、客船のホールのよう。

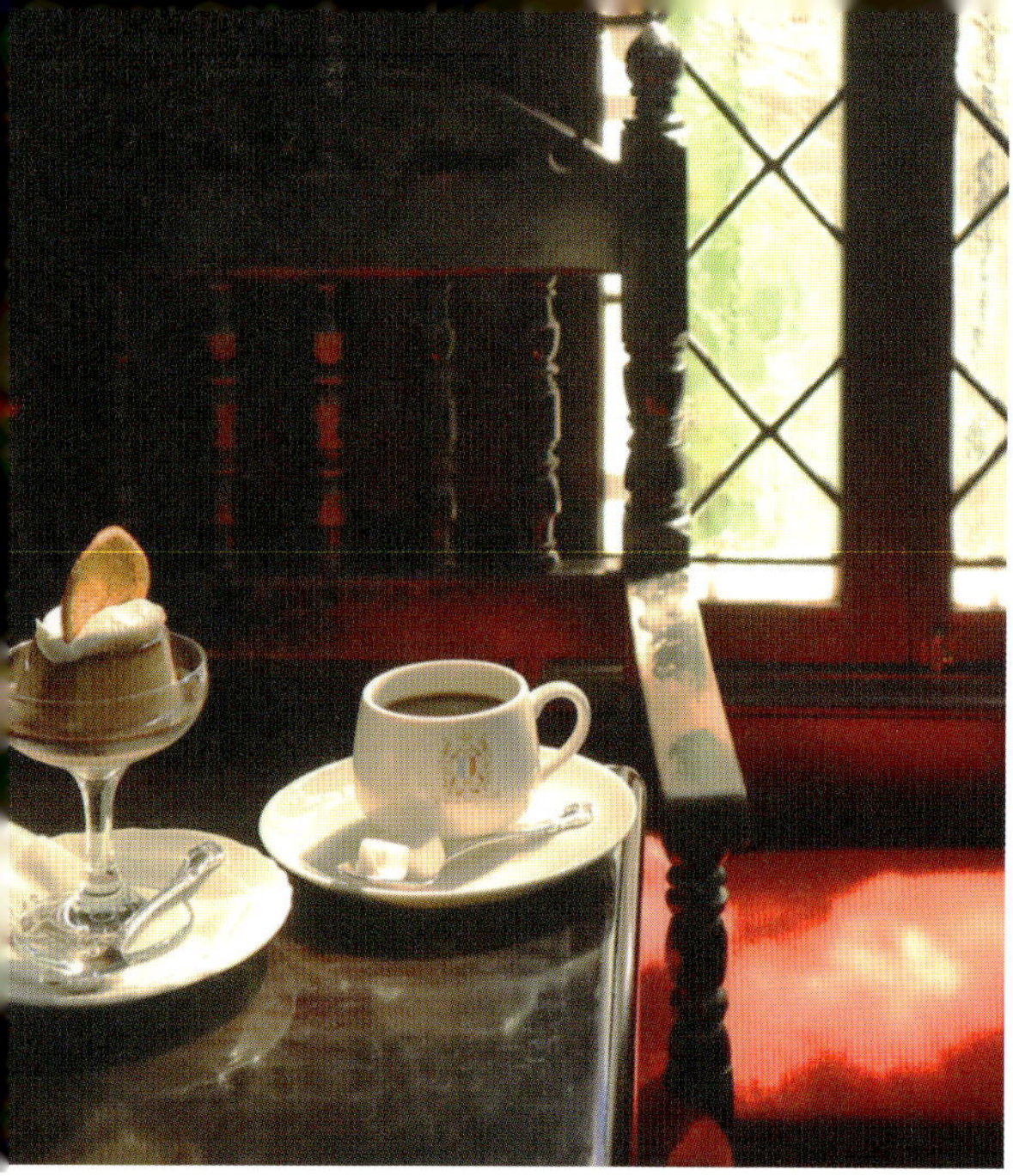

［右段上］口の中でふわっと溶けていく、純白の四角い自家製レアチーズケーキ。［右段下］南側客室の壁紙は、瀟洒な趣。［左段］オレンジコンフィが愛らしい特製プリンは、大人の味。オレンジの酸味とカラメルの甘苦さのバランスを追求して焼いている。［下］漆喰の白壁に、装飾があしらわれた黒い柱がアクセントを、飾られた絵画や生花が彩りを添える。

当たり前に提供することが特別である、そんな喫茶室

老舗喫茶の由緒正しきメニューは、それ自体が現代でも特別感を与えてくれるのがいい。例えば、コーヒーは「ブラック」のほかに、生クリームに無糖の練乳を入れた「フレッシュクリーム」。カップにクリームを入れてからコーヒーを注ぐスタイルで、丸みを帯びたコーヒーカップに、スプーンにのせた角砂糖が2つ。時代に合わせて良質な豆を選び抜き、挽き立てなのが美味しさの秘訣。そのほかのドリンクやお菓子も、味の追求に妥協がない。

「喫茶室として存在する限り、生涯現役でい続けたい」と言う現オーナー。父が創り、母が守り、幾多のお客様に愛され続けた店を後世につなぐためには、尊び変えない本質の部分と、時代に合わせて変えるべきものがある。歴史のある店だからと、気取ったり構えなくてもいい。ふらっと入れて、気軽に人と待ち合わせできるような喫茶店が理想なのだそう。時代が変わっても、誰もが思い思いに自由に過ごせる空間。京都を離れた人が、懐かしみ戻ってくる居心地のよさ。そんな『フランソア喫茶室』は、今日もいつもの表情で、西木屋町四条下るに存在し続けている。

1960年頃の店内と従業員。今とほぼ設えは変わらない。昔はよく停電したそうで、その時には中央上部に写っているガス灯を使っていたのだそう。(写真提供：フランソア喫茶室)

Address 京都市下京区西木屋町通四条下る船頭町184
Tel 075-351-4042
Open 10:00～22:00（LO フード類20:00、ドリンク＆ケーキ 21:30）/ 無休（年末年始除く）

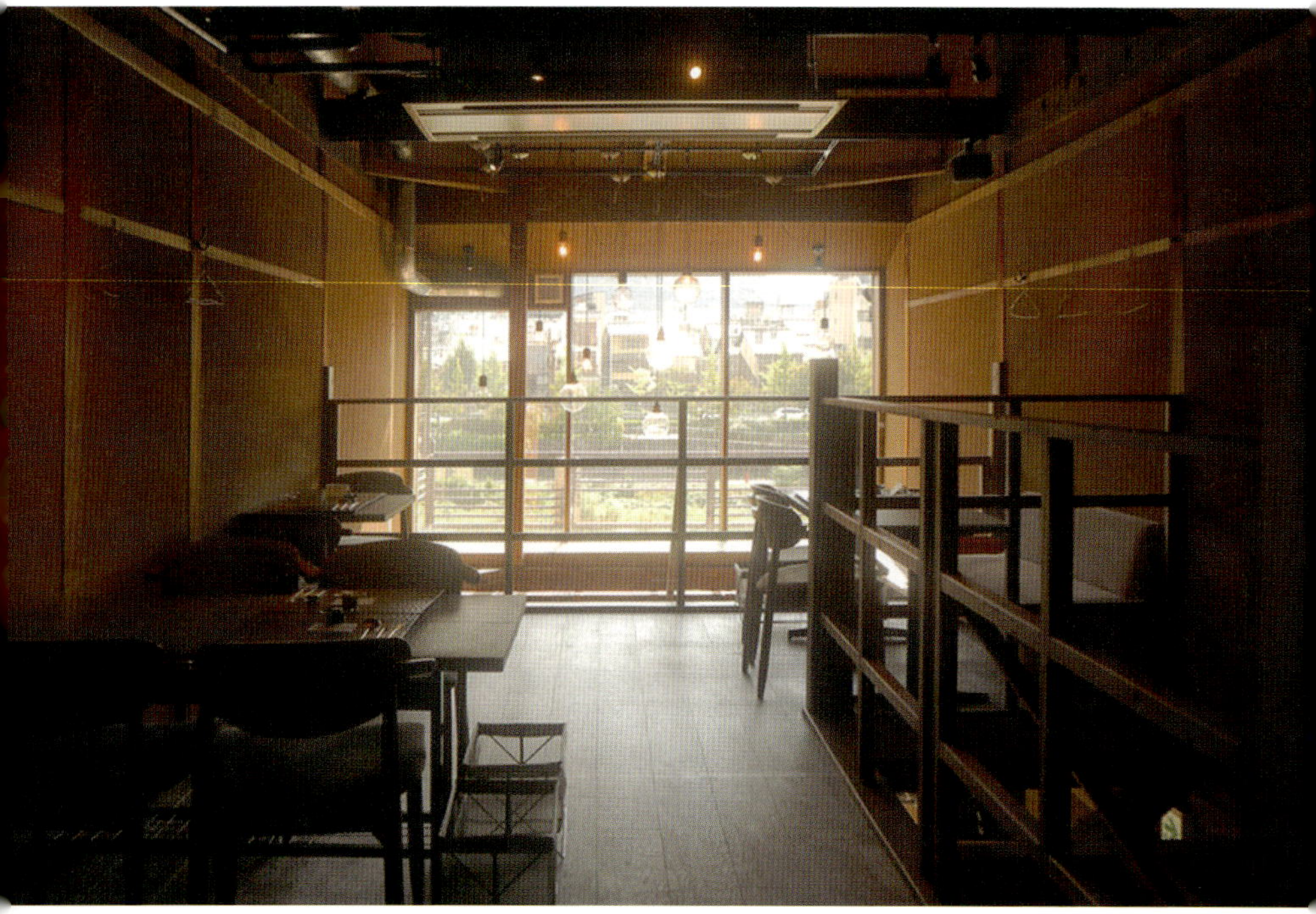

和栗専門 紗織
～さをり～

目の前で紡がれる錦糸モンブラン 季節の果物を使用した一品も

栗好きの方ならぜひ訪れてほしいのが、木屋町通沿い、「細さ1ミリで錦糸を紡ぐモンブラン」で有名な『和栗専門 紗織』だ。使用する栗は、大粒で豊かな甘みが特徴の京丹波産と、高品質の国産栗。独自の絞り機で生み出される、錦糸のように繊細なモンブランは、ひとつに12個の栗を使うという贅沢なもの。大切に栗を育てている農家の想いまで紡ぐかのように、ケーキを食べているというより、極上の栗そのものをいただいている感覚に陥る逸品である。そのほか、季節の果物を使ったタルトやパフェ、夏のかき氷にも、栗をふんだんにトッピング。飲み物も抹茶からアルコールまで、香りや味など、栗との相乗効果を考え抜いたものを提供している。和の趣が感じられる町家空間で、鴨川ビューの清涼感と共に、五感で和栗の美味しさを堪能できるのが嬉しい。

［上］１階上部は吹き抜けで、開放感抜群。建物の構造が露わになっているので、隅々まで町家の風情を体感できる。［左］モンブランは、食べるのがもったいない工芸品のような美しさ。栗の味が引き立つように、甘さ控えめ。

１階カウンターでは、オーダーを受けてからお客様の目の前でモンブランをつくる。２階席に通された方が、見に下りてくることも。

人気の１階奥は、四季折々の鴨川が対岸まで見渡せる特等席。２階席からも、また違った角度で鴨川を眺めることができる。

店の表は、高瀬川が流れる木屋町通。京町家らしく間口は狭いが、中に入ると奥行があり、裏の窓越しに鴨川の光景が広がっている。

小皿にのった白い物は何？
水をかけるとおしぼりになるという
ギミックが楽しい。

Address 京都市下京区木屋町通松原上る二丁目和泉屋町 170-1
Tel 075-365-5559
Open 10:00 ～ 18:00（LO17:30）※毎朝 9:00 より当日分の整理券配布を開始 / 不定休

Kawa Cafe
（かわカフェ）

四季折々、鴨川の風景を眺めて川と一体化したスロウタイムを

鴨川沿いという抜群のロケーションを活かして、窓いっぱいに伸びやかな風景が広がるカフェ。フランス人のオーナーが、日本人の奥様と一緒に京町家の伝統を守りながら、メニューやインテリアなど、ヨーロッパのテイストをうまく融合させている。朝から夜までノンストップ営業なので、日中はランチやお茶とスイーツ、夜はディナーやお酒と共に、それぞれの時間帯の美しい鴨川を堪能できるのがいい。看板猫のカワちゃんや、テラスに舞い降りる青鷺のナポレオンという、癒し枠メンバーに会える楽しみも。

2階の木屋町通サイド。西は木屋町通を流れる高瀬川ビュー、東は鴨川ビューという細長いフロアの開放感と、家具やインテリアの寛ぎ感が引き立つ。

03

Kawa Cafe

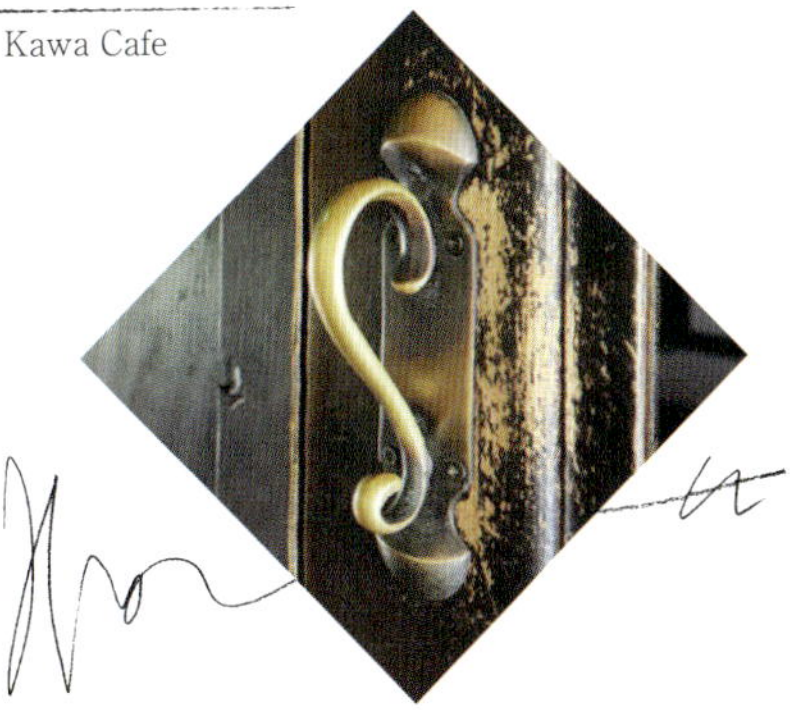

［上］対岸から見ると、大きな窓から鴨川と東山を一望できる設計というのがよくわかる。5月から9月は、川床（テラス席）も利用できるのが嬉しい。［左］白い壁に古い時代の写真がたくさん飾られた、ヨーロピアンスタイルの店内。

木屋町通沿いの門をくぐれば、「行ってきまーす」と家族の声がするような、昔ながらの京町家の風情漂う路地がお店入口まで続く。

フランス人のオーナーらしく、自家製のキッシュパイには白ワインをペアリング。フレンチなメニューも色々あって、ボリュームたっぷり。

納涼床の季節じゃなくても、伸びやかな鴨川の眺めを独占できる。1階と2階、好みの席をぜひ見つけて。

Address 京都市下京区木屋町通松原上る
美濃屋町176-1
Tel 075-341-0115
Open 10:00～24:00（LO23:30）/ 不定休

看板猫のカワちゃんが、軒下でごろごろしていたり、店内を廻ってお客様にご挨拶したり♪

喫茶 KANO

目の前は高瀬川、桜や新緑が季節を彩る、老舗カフェで王道モーニングを

四条通の喧騒を離れ、風情ある料亭や旅館が建ち並ぶ高瀬川沿いを下ると、五条大橋のすぐ近く、公園前にレンガ造の建物が現れる。1971年の創業以来、多くの人に愛されているクラシカルな喫茶店。春は咲き誇る桜に彩られ、目の前の高瀬川にはピンクの絨毯が浮かぶ。店内はアジアンモダンな雰囲気で、アンティークな家具と大理石のテーブルが温かく迎えてくれる。おすすめは、大きな格子窓越しに降り注ぐ朝の光が美しい時間帯。さくっと焼きあがったトーストに、たっぷり塗られたバターがとろり、サラダとベーコンエッグが添えられる「これぞモーニング」というセットに魅せられて、通い続ける常連が多い。違うメニューをシェアする二人連れの姿も。淹れたてのコーヒーと味わう至福の時を、ぜひゆったりと過ごしてほしい。

Address 京都市下京区西木屋町通五条上る西橋詰町 785　**Tel** 075-351-2677
Open 月〜土曜7:30〜15:00、日曜・祝日 8:30〜15:00　※変動有リ／金曜休、他不定休有り

マールカフェ

ビル8階から京都の絶景を見渡せる食事からビアガーデンまで多彩な店

五条通のすぐ近く、河原町通と寺町通が交差するところにあるビルの8階へ。幅広い使い方ができる、隠れ家カフェが現れる。いわゆる〝カフェごはん〟が充実しており、お茶も食事も1日中OK。夏にはテラス席で鴨川・東山の夜景を一望しながら、BBQビアガーデンが満喫できる。パーティーなどのコースメニューのバリエーションも多く、女子会で人気のチーズフォンデュとバーニャカウダはオーガニック野菜を使用というこだわり。アンティーク家具に囲まれた店内は、ソファ席やカウンター席などの向きごとに異なる京都の眺望が楽しめ、個室のように利用できる「図書室」もあって、何回でも訪れたくなる。《地元に根付き100年続くカフェ》を目指し、ご近所さんから観光客や外国の方にもフレンドリーなお店なのだ。

Address 京都市下京区寺町通五条上る西橋詰町 762 京栄中央ビル 8 階　**Tel** 075-365-5161
Open 11:30 ～ 23:00（LO 22:30）/ 無休

Gallery HOSHI COUPE
（ホシカフェ Cafe）

変幻自在の個性派空間カフェは ギャラリーから歌声喫茶にも

奥行のある町家を改装し、各部屋の床は鉄・木・タイルと違った趣向を凝らしているかつての美容室は、アーティストの作品を展示する「Gallery HOSHI COUPE」の中の『ホシカフェ Cafe』として、新たに開店した。予約制のバーとして営業したり、スクールやポップアップストア、ライブやダンスなど、レンタルスペースとしての利用も可能という幅広さである。和の空間にヨーロピアンスタイルなインテリアが混在していながら、全体の雰囲気は統一されていてスタイリッシュ。一方、カフェメニューは、シンプルだけどしみじみ美味しいものをという心配り。コーヒーやハーブティー、自然派アイスをテイクアウトする人も。定期開催の歌声喫茶は、音楽やアートが好きな店長のギター生演奏もある。ここに来れば、あたたかくリアルな人のつながりがいつも存在している。

06

Gallery HOSHI COUPE

［上］中央の木の部屋は吹き抜け天井で開放感にあふれ、白壁と黒い梁のコントラストが美しい。［左］木の部屋にある大きなカウンター。海外生活が長かったオーナーとのおしゃべりを、のんびり楽しむ外国人観光客の姿も。

地下へと続く秘密の階段を下りれば、防空壕を使ったカラオケスペースが。プライベートパーティーにも利用できる。

こだわりの食パンを使ったピザトーストには、大きなピクルスを添えて。日の当たる窓際のカウンターで、コーヒーといっしょに。

最初の鉄の部屋には、一点物のアンティーク椅子がいろいろと。どの席に座るか、迷ってしまいそう。

Address 京都市下京区松原通東洞院東入る燈籠町 601-3
Tel 075-351-2093
Open 11:00～16:00 / 土日祝休
Other 全席禁煙、中庭で喫煙可

焼菓子や手づくりクッキーがたっぷり置かれたアンティークな飾り棚もお店のアクセントに。

Okaffe★ROASTING PARK

（オカフェ　ロースティングパーク）

元老舗材木店の一角に生まれたこだわりの珈琲焙煎所兼カフェ

人気コーヒー専門店「Okaffe kyoto」の有名オーナーバリスタ・岡田氏が焙煎を学び、2022年に開業。元木材店の一角をリノベーションし、木をふんだんに使った店内はシンプルかつダイナミックで、焙煎されたコーヒー豆のアロマな香りが常に漂う。店長自ら生豆から選び、配合・焙煎にまでこだわった3種類のブレンドやシングルオリジンの豆は、ひとつひとつ香りを確かめて購入できるうえに、その場で飲むこともできる。イートインは店内のカウンター、屋外のベンチやテラスで。店頭に立ち続け、京都が育んできたカフェ文化について講演等で発信してきたオーナーを筆頭に、スタッフ全員、コーヒーへの想いが熱い。その熱量と美味しさに惹かれて、大人から子供まで気軽に集まる、まさに〝PARK（公園）〟のような、地域に愛される店が実現している。

［上］元材木店の重厚な梁や柱が支える高い天井。その下の広々とした空間に、ギーセン社製の焙煎機がどっしりと鎮座。［左］オーダーカウンター。系列店でつくる、コーヒーとの相性抜群のスイーツが並ぶショーケースも。

店舗前倉庫の階段を上がれば、キャンプ感満載のテラス。屋外の開放的な空間はツリーハウスのようで、冒険心をかき立ててくれる。

コーヒーのお供には、バターサンドやカヌレをオリジナルトレーにてんこ盛りにして。天気のよい日は、テラス席まで運んで一服を。

カウンターでは、焙煎したての豆でコーヒーを淹れてくれる。丁寧な仕事は、何度見ても見飽きない。

ファクトリー的な店内に
佇む古い和箪笥は、
京都の歴史を語ってくれる
生き証人みたい。

Address 下京区若宮通松原下る亀屋町 51
Tel 075-744-0102
Open 9:00 ～ 17:00 / 無休（不定休有り）

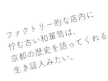

Kaikado Café

（カイカドウ カフェ）

国内外のお客様を心を込めてもてなす歴史と風情あふれる文化財カフェ

七条河原町の交差点から北へ上がってすぐ。銅の輝きが美しい茶筒の老舗「開化堂」が手がけるカフェがある。元は、内濱架電詰所という京都市電の事務所兼車庫で、その使命を終えてから40年も眠っていた。開化堂の工房近くにあったこの建物は、2016年に『Kaikado Café』として再生して以来、このエリアに彩りと人の賑わいをもたらしている。

カフェでは、大切なお客様をお迎えするおもてなしの場として、信頼を寄せる国内外の職人さんの紅茶、日本茶、お菓子を提供。「開化堂」6代目の好きな紅茶、5代目夫人の好きな日本茶、そして5代目の好きなコーヒーなど、それぞれ厳選されたものをカフェでいただいたうえで、気に入った茶葉やコーヒー豆を購入することもできる。さらに、「開化堂」の茶筒はもちろん、宇治の朝日焼をはじめとする京都の伝統工芸品や暮らしの道具なども、店内のギャラリーショップで展示・販売している。お茶の時間と心を豊かにするものすべてが、この歴史が刻まれた建物の中に凝縮されているところが嬉しい。

［右］インテリアは、真鍮や銅製のポットがいいアクセントに。奥の中庭のテラス席は、まるで都会のオアシスのよう。
［下］建物の南側は車庫だった名残りで天井が高く、壁一面の窓からたっぷりと陽光が降り注いで気持ちがいい。

［右］玄関まわりのアールデコ調の装飾。［左段上］重ねてきた年月の風合いがそのまま生かされた外観。1927年築の国登録有形文化財で、現存する京都市電関連の建築物としては最後のひとつ。［左段下］沖縄県大宜味村のカラキ（沖縄シナモン）を使った「カラキ餅」。［下］保線用車両が出入りしていた頃をしのばせる、河原町通に面した縦長窓。事務所だった北側は2階建。

厳選されたものの良さと人のつながりを循環させる場

『開化堂』5代目の好きなコーヒーと言えば、開業以来ブレンドを焙煎してもらっていた「中川ワニ珈琲」。その味をしっかり受け継いで、2023年に自社の焙煎所がオープン。「鍵善良房」にオリジナルでつくってもらっている「カラキ餅」は、このブレンドか、「開化堂のお茶」と名づけられた「利招園茶舗」の玉露雁金に合わせるのがおすすめだ。旨みと甘みをじっくり抽出した玉露雁金をお菓子といっしょにいただくと、それぞれの美味しさがぐんっと増すのに驚かされる。一煎目と二煎目、味わいを比べられるのも嬉しい。

併設しているギャラリーショップの1階には『開化堂』の茶筒が並び、2階には京都の伝統工芸を担う若手たちの作品が。ここにディスプレイされた器はカフェでも使われており、手で触れるだけでなく実際に使って使い心地を確かめることができるのがいい。お客様に、自分たちが信頼している人たちのつくった良いものを、自信を持ってお届けしているという矜持が感じられる。「まわりまわって、みんなが幸せ」というつながりが巻き起こす渦巻の中心に『Kaikado Café』はなっている。

「鍵善良房」の干菓子をはじめ、プティフールやナッツを詰め込んだ「お菓子缶セット」は要予約。

Address 京都市下京区河原町通七条上る住吉町 352
Tel 075-353-5668
Open 10:00～18:30（LO18:00）/ 木曜休

○間 (MA)

お菓子や食事とのペアリングなど静謐な空間で愉しむお茶の世界

煎茶・玉露・抹茶のほか碾茶・冠茶・釜炒茶など、様々な種類の日本茶。これに中国・台湾茶を加え、200種類以上のお茶と特別な体験を提供している『○間(MA)』は、喫茶店の原型「一服一銭」の発祥地である東寺近く、築約100年の京町家をリノベーションしたモダンな茶房である。産地や品種など個性が光る多彩なストックから、ひとりひとりの好みに合ったお茶をおすすめしてくれるほか、お菓子とのペアリングや一汁三菜の茶懐石のコースなどが味わえるが、それはすべてお茶を存分に愉しむためのおもてなし。時季によって変わるメニューと丁寧に淹れられたお茶をゆったり堪能していると、その味や香りの微細な違いが身体に染み透るよう。店名の「○」は「空」を意味し、『○間』で空間を表すとか。カフェの枠を越えた空間と時間を体感し、お茶と食の組み合わせの妙をぜひ満喫してほしい。

［上］骨董やクラフトなどがディスプレイされている板の間。［左］壁には、さまざまな建具がデザインされていて、アートなパズルのよう。カウンター後ろはステンドグラス風のすりガラスで、光が室内に陰影を与える。

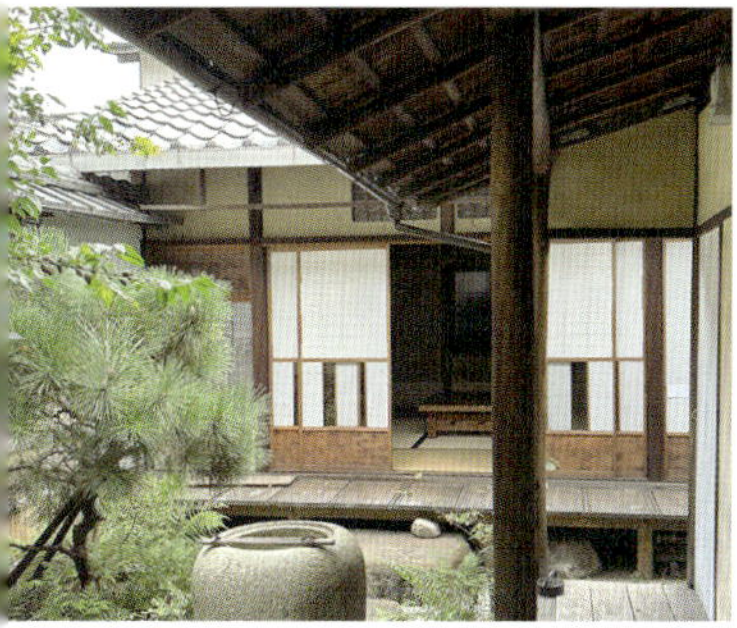

茶房の奥、渡り廊下の先には離れの和室があり、茶会やイベントが開催される。季節ごとの庭の風情まで、心と五感に心地よい。

その場で点てる抹茶ラテは、CHABAKOブランドの抹茶を使用。砂糖を入れないのに苦くなく、ミルクとのバランスが絶妙でクリーミー。

大正時代に建てられた京町家には、懐かしさと共に、「現代に生きている」という力強さも漂っている。

お茶の味を比べる「茶味比べ」は、抹茶・碾茶・京番茶など、3種類の単一品種（シングルオリジン）のお茶をそれぞれ違う茶器で味わうもの。

Address 京都市南区西九条比永城町 59
Tel 075-748-6198
Open 11:00 ～ 17:00 ※予約制 / 火・水曜休

東山区界隈

祇園から清水寺にかけて、しっとりとした京町家や石畳が続き、花街風情が漂いながら、有名寺社など豊かな文化財も有する。京都らしさで、国内外の観光客を惹きつけてやまない。

デザートカフェ 長楽館

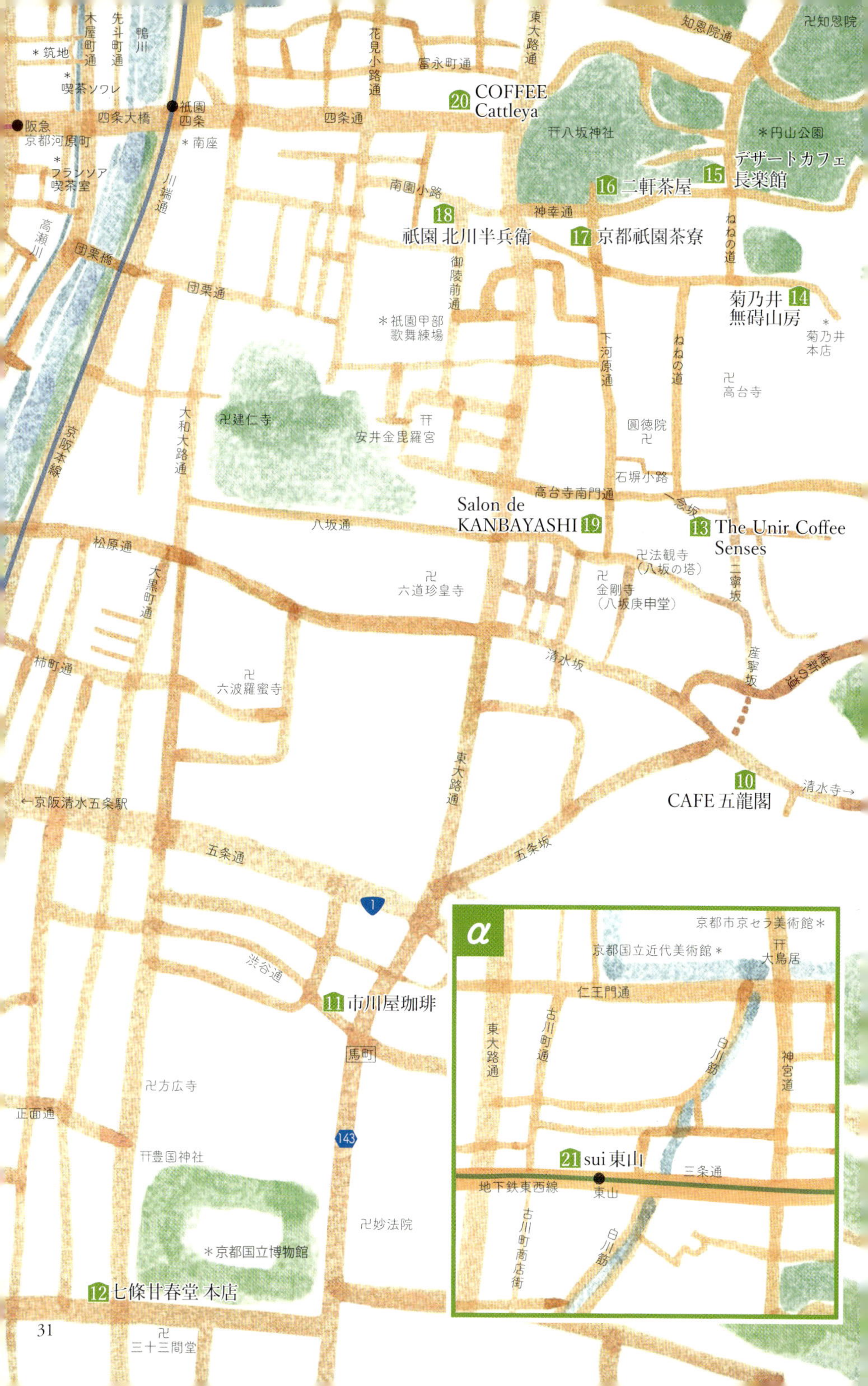

木屋町通
先斗町通
鴨川
＊筑地
＊喫茶ソワレ
阪急
京都河原町
祇園四条
四条大橋
＊南座
＊フランソア喫茶室
川端通
高瀬川
団栗橋
団栗通
花見小路通
富永町通
四条通
東大路通
20 COFFEE Cattleya
知恩院通
卍知恩院
八坂神社
＊円山公園
15 デザートカフェ長楽館
16 二軒茶屋
南園小路
18 祇園 北川半兵衛
神幸通
17 京都祇園茶寮
ねねの道
御陵前通
菊乃井 14 無碍山房
＊菊乃井本店
＊祇園甲部歌舞練場
下河原通
ねねの道
卍高台寺
卍建仁寺
安井金毘羅宮
圓徳院卍
大和大路通
京阪本線
石塀小路
高台寺南門通
一念坂
Salon de KANBAYASHI 19
13 The Unir Coffee Senses
八坂通
松原通
卍法観寺（八坂の塔）
二寧坂
大黒町通
卍六道珍皇寺
卍金剛寺（八坂庚申堂）
清水坂
産寧坂
維新の道
柿町通
卍六波羅蜜寺
東大路通
10 CAFE 五龍閣
清水寺→
←京阪清水五条駅
五条通
五条坂
1
渋谷通
11 市川屋珈琲
馬町
卍方広寺
正面通
143
豊国神社
卍妙法院
＊京都国立博物館
12 七條甘春堂 本店
卍三十三間堂
α
京都市京セラ美術館＊
京都国立近代美術館＊
大鳥居
仁王門通
東大路通
古川町通
白川筋
神宮道
21 sui 東山
三条通
地下鉄東西線
東山
古川町商店街
白川筋

CAFE 五龍閣

約100年前の時を刻む大正時代の洋館
その魅力を間近に堪能できるカフェ

その建物の名は、五龍閣。清水焼窯元である明治の起業家・松風嘉定の邸宅として、1914年に竣工。設計は、京都大学時計台など数多くの近代建築を手がけた建築家・武田五一。清水寺の門前エリアに特徴的な外観を現わしている。迎賓館的に使われていた昔と同じように、人々が集い、思い出の時間を過ごせるようなカフェに再生した空間は、飴色に輝く木のぬくもりに満ちた室内に一歩足を踏み入れただけでも、心が満たされる特別さである。出色は、贅沢に光を取り入れたサンルーム。小鳥の囀る声が聞こえてきそうなステンドグラスが愛らしく、かつての表玄関にも敷かれていた幾何学模様のタイルが床を優美に飾っている。扉の向こう側から大きな噴水が水しぶきをあげる音が聞こえるのも、往時をしのばせ趣深く、モザイク画の天板が艶やかな八角形のテーブルなど、建具から調度品まで見逃せない。1999年には国登録有形文化財に登録され、京都モダン建築祭でも京都の街が一望できる展望台の見学へ応募者が殺到するほどの魅力にあふれている。

［右］鴟尾を載せた瓦屋根の和洋折衷の洋館。［下］迎賓館的に使われたという建物の中心には、3階までの吹き抜け階段が広がる。［右下］八角形のテーブルには、京都の民話や清水寺などのモザイク画が贅沢に施されている。

〔右段上〕欄間窓のステンドグラスの小鳥たちは、すべて違うデザイン。〔右段下〕「猿田彦珈琲」が特別に開発した「五龍閣ブレンド」と「特製パウンドケーキ」。〔左〕モザイクタイル貼りのサンルームには、丸テーブルとかわいらしい椅子が並ぶ。〔下〕カフェルームは3部屋をつなげており、部屋ごとに天井のデザインが違うので、見てまわるのも楽しい。部屋の扉は、玄関扉と共通するデザイン様式。壁には、二寧坂のなかほどに住んでいた竹久夢二の絵が飾られている。

豪奢で端正な特別な建物で特別なコーヒータイムを

1階大広間は、大きな半円形の窓すべてに、菊の花びらをモチーフにしたステンドグラスがあしらわれ、モダンで華やかな印象。広間の扉は、元・表玄関の扉と同様、四角と円が重なった意匠で、その端正な空間に大理石製の暖炉が重厚な存在感を放っている。この広間でどんな人たちが、どんな会話をしていたのか、想像の翼が広がる。

この豪奢な建物は、後に湯豆腐の名店「南禅寺順正」に受け継がれ、2009年にカフェとして生まれ変わった。

そして、さらに2024年12月にリニューアルオープン。迎賓館のように多くのお客様を迎え、その貴重な空間を気軽に楽しんでもらえるようになった。

新メニューは、東京・恵比寿発のスペシャルティコーヒー専門店「猿田彦珈琲」が特別に開発した「五龍閣ブレンド」。100%ダイレクトトレードの高品質なコーヒーで、豊かな風味が特徴だ。また、選りすぐりの素材をふんだんに使用している「特製パウンドケーキ」は、濃厚な味と香りで、「五龍閣ブレンド」と好相性。清水エリア散策の折には、特別な建物と特別なコーヒーをぜひゆっくりと堪能してほしい。

Address 京都市東山区清水寺門前 2-239
Tel 075-541-7111
Open 13:00 ～ 17:00 / 不定休

市川屋珈琲

築200年の陶芸工房だった建物で気持ちのよいモーニングタイムを

東山エリア・馬町の路地を入って、店頭の赤いスクーターが目印。１９９５年の創業以来、青磁のブルーの看板と白い暖簾が変わらずお客様をお迎えする。店主の祖父の陶芸工房だった築200年の町家の中は、和と洋のバランスがよいデザイン。中庭のある土間の１人席、奥のグループ席…どこに座っても落ち着けるのがいい。月替わりの果物を使った「季節のフルーツサンド」は、すっかり名物に。趣のある空間に、品格のある接客。そして、優しくスタンダードな味わいのコーヒーから一日が始まるとは、なんて幸福なことだろう。地元の常連客をはじめ、京都を訪れる度に足を運んでくれる方、毎日来てくださるロングステイの観光客。「すべてのお客様が心地よく過ごせ、気持ちよくお帰りになれるように」という店主の想いが、店内の光景に結実している。

11

Ichikawaya Coffee

［上］ロースターが置かれた吹き抜けの土間。清水焼の工房だった建物は、間口が広く伸びやか。［左］板の間にある厨房は、昔ながらの喫茶店スタイルでローカウンターが取り囲む。家族連れや年配の方も寛ぎやすい設計。

壬生菜のミックスサンドウィッチは、絶妙な塩加減の卵がたっぷり。3種類あるブレンドコーヒーは、ネルドリップで抽出されている。

大事に使われていたのだろう、艶やかな箱階段。いまは、コーヒー器具や清水焼のカップのディスプレイ棚として利用している。

8:00から開店しているのは、お客様に素敵な朝を迎えてほしいから。明るい窓際の席で、朝の街を眺めながら美味しいモーニングを。

Address 京都市東山区渋谷通東大路西入る
鐘鋳町 396-2
Tel 075-748-1354
Open 8:00～17:00／毎週火曜、第2･4水曜休
Other 全席禁煙、中庭で喫煙可

場所によって異なるデザインの
照明が取りつけられているから、
今日はどれを見るかで
席を選ぶのも一興。

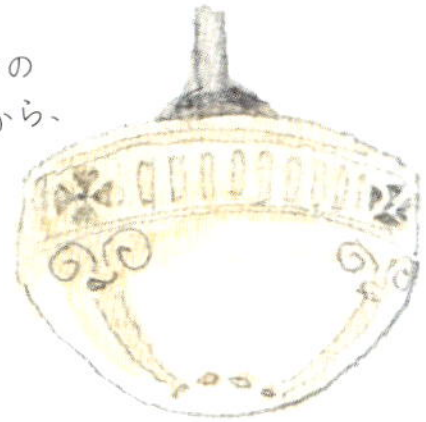

七條甘春堂 本店

築100年以上の自然なままの町家は江戸時代から続く和菓子の老舗

1865年創業。三十三間堂の名で知られる蓮華王院の目の前で、江戸時代から暖簾を守っているのが『七條甘春堂』。築100年以上の店舗は、ほぼ手を入れていない京町家。お祖母ちゃんの家に遊びに来たようなごく自然な雰囲気が、素顔の京都らしくて趣深い。気軽に和菓子を食べてもらえるようにと始めた甘味処「且坐喫茶（しゃざきっさ）」では、抹茶だけでなく、清水焼のカップで供されるコーヒーといっしょに季節の和菓子がいただける。出来立ての小豆を使ったぜんざいもあって、ほっと心を和ませてくれる。代々の堂主が創意工夫を凝らした京菓子の伝統や製法と現代の技術を融合させ、受け継がれてゆく老舗の味。「且坐喫茶」とは禅の言葉で「ゆっくりお茶をどうぞ」の意味。散策の合間に、風情ある建物で目にも美しい京菓子を堪能したい。

12
SHICHIJO KANSHUNDO

［上］苔むした手水鉢が、お客様をもてなす茶の湯の心を思い出させる。和菓子とコーヒーのセットも乙なもの。
［左］床の間には、豊臣秀吉の掛け軸が。方広寺の大仏造営の折に、秀吉が庭の藤を鑑賞したという家伝があるとか。

店の表にある茶室の待合は、植栽に囲まれたテラス席としても。壁を挟んだ七条通の賑わいが信じられないほどのオアシススポット。

木立ちの合間から光が差し込む坪庭で、季節の上生菓子とお薄をいただきながらほっこりと。

本来の町家の姿がそのままに保たれている店内。調度品や木の風合いまで、なんともノスタルジック。

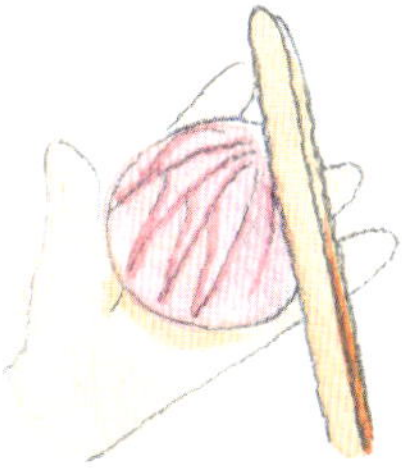

2階の座敷で行われる「京菓子手作り体験教室」は要予約。つくった上生菓子は、自分で抹茶を点てていただける。残りはおみやげに。

Address 京都市東山区七条通本町東入る西の門町 551
Tel 075-541-3771
Open 10:00～17:30 / 月・火曜休（祝日営業）、不定休

The Unir Coffee Senses
(ザ・ウニール コーヒーセンシズ)

一念坂の格調高い京町家で味わう スペシャルティコーヒー&スイーツ

清水寺や高台寺にも近く、京都らしい情緒が漂う界隈。ここに築100年以上の「京都市指定伝統的建造物」という歴史ある舞台を得て、スペシャルティコーヒーの専門店「Unir」が贅を凝らしたメニューを提供している。元の町家の造りを活かしながら明るく広々とした空間で味わえるのは、高品質で香り高いコーヒーとこだわりのフード&スイーツ。タイミングによっては、競技会レベルのエスプレッソが楽しめることも。「季節の美味しいものにあふれるフルーツサンドイッチ重」は、季節ごとの果物を使ったサンドと、コーヒーテイストクリームのバナナサンドがぎっしり。フルーツサンドのクリームは、白味噌やオリーブオイルを合わせた深い味わい。そのほかコーヒーが混ぜ込まれた弾力のあるプリンなど、コーヒー好きにはたまらないメニューが揃っている。

13
The Unir Coffee Senses

［上］天井が高く、伸びやかな２階席。梁の行き交う造形美に圧倒される空間。［左］一念坂の石畳の途中に佇む建物は、高い塀が母屋を囲んだ風格のある造。店舗として利用できる「京都市指定伝統的建造物」は訪れる価値あり。

京町家が連なる２階からの眺めは、情緒たっぷり。京都らしい風情に包まれて、心豊かで特別なコーヒータイムを過ごしてほしい。

華やかな「季節の美味しいものにあふれるフルーツサンドイッチ重」。セットのコーヒーは、プラス料金でアップグレードすることもできる。

１階のカウンターの向こうには、窓一面に緑あふれる中庭の贅沢な風景が。町家らしさと、光をふんだんに取り入れる設計の合わせ技。

Address 京都市東山区桝屋町 363-6
Tel 075-746-6353
Open 11:00～18:00（LO17:30）
／毎週水曜、第１･３木曜休

バニラアイスの上にアーモンドチュイールがちょこんとのった「アフォガートコーヒープリン」。自分でエスプレッソとキャラメルソースをかけて、いただきまーす！

菊乃井 無碍山房

心落ち着く四季の庭を眺めながら 料亭「菊乃井」の味をお気軽に

東山の『菊乃井無碍山房』は、「ミシュランガイド京都・大阪２０２１ビブグルマン」に選ばれた料亭「菊乃井」が、その味をより多くの人に気軽に楽しんでもらおうと、本店の傍らに開いたお弁当と喫茶のお店である。「時雨弁当」には、白ご飯の上に胡麻だれのかかった鯛のお造りをのせた名物「時雨飯」。和の甘味は、抹茶パフェやできたての本わらび餅。コーヒーには菊乃井の井戸水を使い、「小川珈琲」にその水に合う豆を選定してもらっている。モダンな数寄屋建築の店内は、どの席からも潤いのある庭の風景が楽しめて、ゆったり寛げる空間だ。このような贅沢さなのに、修学旅行生や東大谷からのお墓参り帰りに寄るというお客様など、敷居の低さがなんとも嬉しい。「無碍」とは、何ものにもとらわれないこと。気取らず伸びやかに、非日常を味わえるお店である。

14
KIKUNOI MUGESANBOU

［上］一番めのカウンターの部屋は、空と山を思わせるような陶板の床が艶やか。［左］西洋栃の一枚板を使用したカウンター席。デンマークを代表する家具デザイナーのニールス・O・モラーが手掛けた椅子は、抜群の座り心地。

「時雨弁当」は、ひと月程度で内容が変わる。二段重を使ったり、夏はガラスの器で提供したりと、味と見た目で季節が感じられるのが粋。

「濃い抹茶パフェ」は、まさに濃厚。白玉・小豆・カステラ・ゼリーというシンプルな素材なのは、抹茶を存分に味わうため。

元は石屋だったという数寄屋建築と、敷地の半分以上を占める庭。重ねた年月を思わせながら、隅々まで手入れが行き届いて心地よい。

Address 京都市東山区下河原通高台寺北門前鷲尾町 524
Tel 075-744-6260 ※食事予約：075-561-0015
Open 時雨弁当 11:30 ～ 13:00（最終入店）
喫茶 11:30 ～ 17:00（LO）※6 歳未満は入店不可
/ 火曜休（祝日の場合は翌日）、年末年始

四季折々の味覚が楽しめる、
季節のフルーツを贅沢にのせた
「季節のパフェ」。
夏はかき氷も人気。

デザートカフェ長楽館

明治の「煙草王」の壮麗な迎賓館が舞台
円山公園で華麗なるアフタヌーンティー

ねねの道から円山公園へ入るとすぐ左手に、ルネッサンス様式の優雅な佇まいを見せる華麗な洋館・長楽館。1909年に、「煙草王」と呼ばれた実業家・村井吉兵衛が別邸兼迎賓館として建設。名づけ親である伊藤博文をはじめ、国内外の数々の賓客を迎えて華やかにもてなしてきた。贅を尽くした豪華絢爛な館は、世界の芸術様式の粋を集めた貴重な建築である。

往時の雰囲気や数々の調度品もそのままに、レストランやホテル、カフェとして活用されている各部屋は、ひとつひとつに名前がつき、それぞれ異なる建築様式や意匠で彩られている。例えば、カフェとして使われている6室のうち、2階の「美術の間」は、その名の通り美術室として使われ、京都の画家・中村白玲の紫陽花の絵が飾られるシックな部屋。そのほか、「球戯の間」「喫煙の間」「貴婦人の間」「鳳凰の間」「接遇の間」など、今度はどの部屋に通されて、どんな歴史やエピソードと出会うのか。訪れるほどに胸が高まるだろう。コーヒーやスイーツを味わう、ゆったりと流れる甘い時間。非日常への旅が始まる。

〔右〕壮麗な門をくぐれば、正面玄関の大きな扉が迎えてくれる。建物はイオニア式の門柱を用いた3階建で、ルネサンス風の外観。〔左〕ゴージャスなアフタヌーンティーは「迎賓の間」で。表玄関前に広がる庭を眺めながら。

［右上］重厚な玄関扉には、アーチの木枠にステンドグラスと金物細工の彫刻が。［左段上］訪れる人を煌びやかに迎え入れてくれるロビー。［左段下］「喫煙の間」にある、白蝶貝が施された螺鈿の椅子。床はイスラム調のタイル。［下］かつての寝室で、当時のシャンデリアや家具などが残っている「鳳凰の間」。カフェやウェディングフォトの場として使われる。

さすが「アフタヌーンティーと言えば長楽館」の豪華さ

アフタヌーンティーの専用会場は、玄関のそばにあるロココ様式の「迎賓の間」で、主にご婦人方のおもてなしに使われた、かつての応接間である。「長楽館と言えばアフタヌーンティー」と言われるほど、京都でいち早く始めたサービスは、食前酒でスタート。季節ごとにテーマを決めて提供し、自家製焼菓子や季節のフルーツ、クロテッドクリームと自家製ジャムを添えた2種類の自家製スコーン、キッシュやタルタルなど、さすが豪華で非常に手の込んだもの。国内だけではなく、海外からも多くのお客様が訪れるという。

『長楽館』がなぜ、カフェやアフタヌーンティーに力を入れるのか。それは、ただ建物を見るだけではなく、「この空間での体験」をお客様に提供していきたいから。歴史的な建物は、陳列的な保存ではなく、もともとの歴史と用途を尊重したうえで受け継ぎ、現在の人々に活用してもらってこそ輝くと考えている。大切に守られてきた証として、2024年12月には国の重要文化財に指定された。個人の迎賓館だった建物は、現在もお客様へのおもてなしの気持ちを忘れない。

ステンドグラスには、お城のようなデザインも。

Address 京都市東山区八坂鳥居前東入る円山町 604
Tel 075-561-0001
Open 11:00 ～ 18:30(LO18:00) / 不定休
Other 駐車場有り

二軒茶屋

都の名物・田楽豆腐発祥の店
八坂神社門前の歴史ある茶屋

創業は、なんと室町時代。八坂神社の表参道に向かい合う二軒の茶屋、その東側の店が『二軒茶屋』と隣接の料亭『中村楼』の前身である。時を経て豆腐料理や菜飯などを提供するようになり、江戸時代には田楽豆腐が店頭での実演販売で全国的に評判を呼んで、「祇園豆腐」と名付けられ京名物となった。

南楼門の真横に立つ蔵をリノベーションしたカフェでは、その「田楽豆腐」が食べられる。特注の木綿豆腐を串に刺し、木の芽とほうれん草を練り込んだ白味噌を塗って焼き上げたもの。3本セットで番茶が付くので、遅めの朝食にも。抹茶パフェや抹茶オーレのほか、春の苺パフェ、夏のかき氷、秋の栗パフェ、冬のおしるこなど季節のメニューも好評だ。旅の途中で名物を食べ、甘味を楽しむ。約450年前からの風景が、現代にも続いているのが実に京都らしい。

16
NIKENCHAYA

［上・左とも］10年前に、2階建の立派な蔵をモダンなカフェとしてリノベーション。それまでの客席は、現在ショップスペースに。おくどさんや井戸、舞妓さんの花名刺のシールもそのまま残されていて、趣たっぷりな空間だ。

八坂神社の石鳥居をくぐり、南楼門のすぐ目の前。参拝者の休憩処として賑わっていた様子が「東海道中膝栗毛」にも記録されている。

2階のテラス席は、窓からの眺めも風も心地よい。八坂神社の参拝前後に、気軽にふらっと寄れる距離。

名物の「田楽豆腐」は、木の芽味噌の風味がよく、甘さとしょっぱさ、スパイシーさが合わさり絶妙な味。

江戸時代、オランダ人が、名物の祇園豆腐を出す「二軒茶屋」に立ち寄った様子（画像提供：二軒茶屋）

Address 京都市東山区祇園町 八坂神社鳥居内
Tel 075-561-0016（代表）
Open 11:00 ～ 18:00 / 水曜休

京都祇園茶寮

築100年の蔵をスタイリッシュに改装
良質な京都らしさにあふれる茶寮

八坂神社の石鳥居が目の前。下河原通に面し、犬矢来のある立派な塀に囲まれて建つ白壁の蔵。いかにも伝統的な外観だが、中には洗練された和モダンな空間が広がっている。「パンの街・京都」にふさわしく、フードメニューはパン揃い。店内の工房で毎朝焼き上げる「蔵だし食パン」のセットは、特製白味噌出汁ポタージュ付で、清水焼のトレーに添えられている日替わりのスプレッドをのせていただく。世界的パティシエ監修のパンは、ふんわり甘くて小麦粉の味がしっかり。試行錯誤して開発し、厳選した素材を使ったメニューには、どこかに京都らしさが入っていて、「ほうじ茶バナナスムージー」などの意外な組み合わせが楽しい。良質な京都のよさを余すところなく満喫できる茶寮なので、祇園や東山エリア散策の折にはぜひ足を延ばしてほしい。

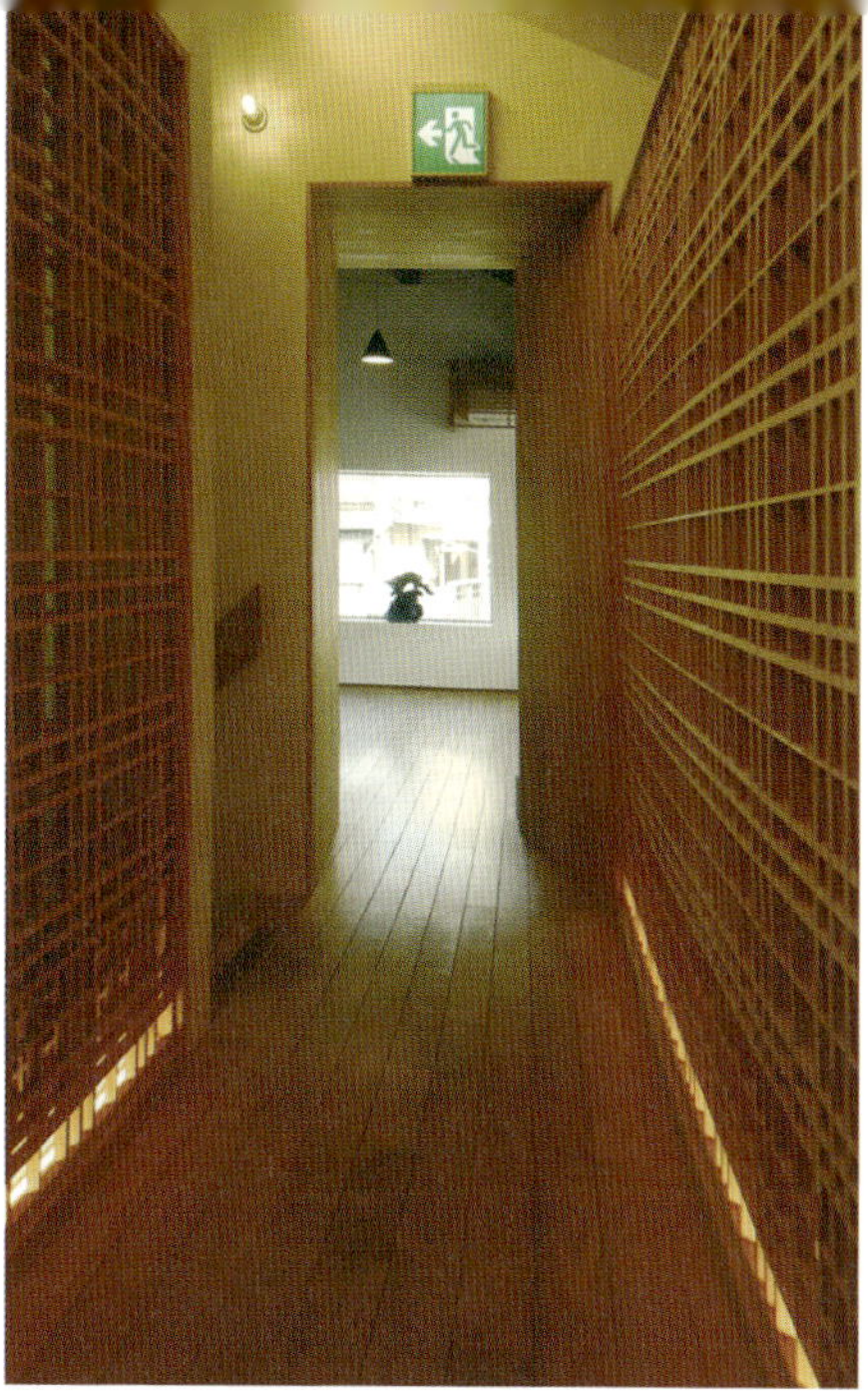

［上・左とも］２階フロアは、カウンター、畳、ソファのブースに分かれ、窓からは八坂神社の南楼門や、町家が建ち並ぶ街並みが。靴を脱いで上がるので、そぞろ歩きで疲れた足を休めながらゆったりと寛げるのが嬉しい。

パンと同じ小麦粉を使った、オリジナルレシピのクッキー。そのほか、店で使われている清水焼のカップなど、食器やアイテムの販売も。

重厚感のある一枚板のテーブルが印象的な１階の部屋。壁や照明のあたたかみのある色と一体化して、とても落ち着いた雰囲気。

「京野菜のピザトースト」は、美山産の新鮮な野菜が何層にも重なって…。焦がしキャラメルの美味しさが引き立つラテは、数量限定。

縁起のいい「波兎」の飾り瓦。
実際に寺社で使っていた浅田製瓦の
京瓦が、店内の随所に置かれている。

Address 京都市東山区祇園町南側 506
Tel 075-746-6728
Open 平日 9:00 ～ 17:00（LO16:00）、
土日祝 8:00 ～ 18:00（LO17:30）／無休

祇園 北川半兵衛

最高級のお茶の魅力を伝えるために宇治茶問屋が開いた日本茶カフェ

祇園は建仁寺の近く。江戸末期創業の宇治茶問屋「北川半兵衛商店」が、築120余年の町家を改装して開いた、日本茶の魅力を紹介するカフェがある。おすすめのメニューは「茶詠み」。抹茶、煎茶、ほうじ茶、和烏龍茶、和紅茶という5種の飲み比べで、それぞれのお茶の色・香り・旨みを引き立てるペアリングメニューが提供される。実際に、お菓子を食べた後にまたお茶を飲むと、味わいが変わっているのがすごい。冷茶と温茶でも感じ方が異なるのだとか。お茶という文化、日本茶の特徴について、様々なことが知れるのだが、ここはそれを楽しみ、驚きながら美味しさを味わうところ。「気軽にお茶に親しんで、日本茶のことを好きになってほしい」というのが『祇園 北川半兵衛』の願い。茶葉を使い、家でお茶を淹れるようになったら、きっと楽しいことだろう。

18

Gion Kitagawa Hanbee

［上］2階はすべてソファ席。茶箱を断裁してつくったパーテーションがスタイリッシュ。［左］日本茶を普及させるための『祇園 北川半兵衛』は、鎌倉時代の日本に茶の文化を広めた「茶祖」栄西ゆかりの建仁寺ほど近く。

黒を基調にした店内は一見無機質だが、裏庭の緑が映えて、それぞれの質感が際立つ。「侘び寂び」の美意識を体現する空間だ。

お品書きが添えられる、5種類の「お菓子盛り」。抹茶とほうじ茶の2パターンあり、5種類の日本茶＋コーヒーからドリンクが選べる。

2階客席。店内は、表玄関と裏庭両方から光が入る設計。「鰻の寝床」の特性をうまく利用している。

18:00からの夜カフェでは、
昼間と違ったメニューとムードで、
日本茶のカクテルが楽しめる。

有楽 -uraku
緑茶のリキュール

芙蓉妃 -fuyoki
和紅茶ベース＋
ハイビスカスシロップ

Address 京都市東山区祇園町南側570-188
Tel 075-205-0880
Open 平日11:00～18:00、土・日曜11:00～20:00（18:00～は夜カフェ営業）/ 無休

Salon de KANBAYASHI
上林春松本店

緑に囲まれた大正時代の優雅な邸宅でお重に入ったアフタヌーンティーを

1560年頃創業の宇治の老舗茶舗「上林春松本店」。歴史ある宇治御茶師の末裔として、伝統を守りながら日本茶の啓蒙を続けてきた本店が、日本茶を提案するカフェとしてオープンしたのが『Salon de KANBAYASHI』。東山の約700坪の敷地に建造された江戸時代から続く銅の老舗企業当主の邸宅を改修した「アカガネリゾート京都東山1925」の一角にある。

風格のある門をくぐり、母屋から広大な常葉樹の森を抜けると、賓客をもてなすために建てられた離れの「望楼棟」が。2階建ての和建築で、望楼を意味する物見やぐらが設えられており、建築当時の大正時代には五重の塔や高台寺、清水寺など、東山の絶景が見渡せたという。改修の際には、1階の茶室造の部屋に円窓をつくり、絵画を眺めるように庭園の風景を切り取っている。また、予約の貸切や結婚式の待合いに使われる母屋に入って右の洋館「貴賓室」は、ステンドグラスの美しさに思わずため息が漏れるほど。これら大正建築の元の趣を引き立たせるよう、インテリアは和モダンテイストに統一されている。

［右］お寺のような立派な門をくぐれば、風情あふれるアプローチのレストラン、シェフズカウンターのある母屋。蔵を改装したカフェ。［下］銅にちなんだ緑青色は、タイルやソファー、テーブルなどに見つけることができる。

［右］東山の静寂の森に囲まれた離れ「望楼棟」で、優雅なティータイム。［左段上］大正ガラスに囲まれた開放的な廊下から贅沢に浴びられる四季の風情。［左段下］通常のカフェとして使われている蔵では一味違った特別感を。［下］「望楼棟」の周囲は広大な森。常緑樹なので年中緑に恵まれ、合間の紅葉が秋には赤に染まる。

貴賓室

アフタヌーンティー

貴賓室

「望楼棟」2階

スイーツとお茶との絶妙なペアリングを楽しめる隠れ家

贅を尽くした邸宅にふさわしく、八坂の塔をイメージした五段重アフタヌーンティー「京 KASANE」は、豪華のひと言。「アカガネリゾート京都東山1925」内のレストラン「ルアン」のシェフがつくるフレンチオードブルの段、上林春松本店の抹茶「琵琶の白」やほうじ茶「雁ヶ音」を贅沢に使ったデザートの段など、一段ごとに京都らしい風景や絵画を思わせる世界が繰り広げられる。これに合わせるのは、上林春松本店のオリジナル煎茶、サンフランシスコのブランド「Mighty Leaf」のオーガニックティーなど、こだわりの詰まったラインナップ。種類を変えておかわり自由なので、存分に堪能できるのが嬉しい。また、「普段の生活にもっと日本茶を」というコンセプト通り、お茶を全面に出したスイーツセットも見逃せない。このサロンでしか味わえないものもあり、合わせるお茶は上林春松本店が厳選した玉露と煎茶。自分で急須で淹れて楽しめる。このように、食も空間も、古き良き日本の粋を現代の感覚とうまく融合させていて、しっかり「いまの文化」として受け止められるのがいい。ぜひ東山の隠れ家へ。

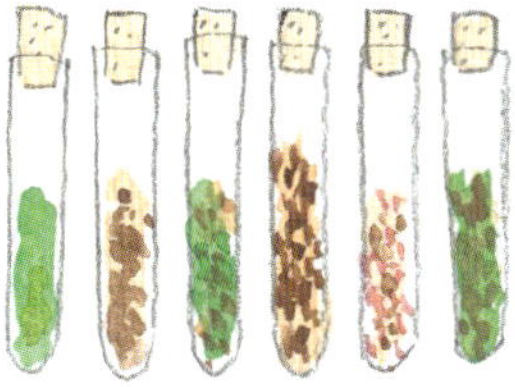
アフタヌーンティーのお茶は、試験管に入った数種類の茶葉から好みのものを選べる。2時間の飲み放題制。

Address 京都市東山区下河原町通高台寺塔之前上る金園町400-1 AKAGANE RESORT KYOTO HIGASHIYAMA 1925内
Tel 075-551-3633（受付 11:00〜20:00 火曜休）
Open 11:30 〜 17:00 / 火曜休、土日祝不定休

COFFEE Cattleya
（コーヒー カトレヤ）

八坂神社門前の老舗喫茶が再スタート 店の歴史を守りながら新たな変化へ

八坂神社へと続く祇園商店街にしっとり馴染む、ダークな木の外壁。２０２４年にリニューアルオープンし、メニューなどを一部変更しつつも、１９４４年創業の歴史と名前を守り続けて、昔と変わらない佇まいと貫禄を見せる。奥の大テーブルには、昔から変わらずに華やかなカサブランカが生けられ、ステンドグラスもそのままに美しい。大理石のカウンター、日本画家・小嶋悠司の絵、井戸、床や壁に至るまであたたかさと懐かしさが宿っている。一方、メニューはコーヒーやアルコールなどのドリンク、トーストやケーキ類と、ごくシンプルに。コーヒーが苦手なら、シチリア製レモンシロップを水割りかソーダ水にするのがおすすめだ。今後の進化を楽しみに、旨いスペシャルティコーヒーをぜひレトロ空間で。

Address 京都府京都市東山区祇園町北側 284
Open 11:00 ～ 18:00 / 月・火曜休

sui 東山

芸術作品をモチーフにしたメニューで五感丸ごと楽しめるアートカフェ

ここ『sui 東山』は、ゴッホやクリムトなど有名な芸術家の作品のほか、アーティストの楽曲からインスパイアされた特別メニューで、味はもちろん、見た目も楽しませてくれるアートブランディングカフェ。シーズンごとに異なる芸術家にスポットを当て、その作品をモチーフにしたスイーツやドリンクを提供し、空間づくりや音楽にまでテーマ性を徹底している。また、ランチなどの料理は美味しさにこだわり、添加物を避け国産の材料を使用。リクエストに応えて、肉じゃがをつくったり、減塩にしたりというオーナーの気さくで親切な人柄か、気軽に行きつけにできるような居心地のよさが漂う。ステンドグラスと京町家が融合するエレガントな空間で、常連・観光客問わず、誰もが「粋（sui）な時間」を過ごせるのがよい。

Address 京都市東山区分木町 74　**Tel** 075-746-2771
Open 火～金曜 11:00 ～17:30、土日祝 10:00 ～18:00 / 月曜休

父と母が愛した喫茶店

浄土真宗本願寺派僧侶　藤波蓮凰

私は本来、あまりコーヒーを飲むことはなかった。どちらかというと、コーヒーよりも酒の方を好んで飲む。そんな私をよく知る人なら、コーヒーにまつわる記憶を寄稿することを奇異に思われるかも知れない。これから綴ることは、コーヒーをこよなく愛していた両親の思い出話である。

両親は私とは違って、下戸だった。特に父は、酒を一滴も飲めない人だった。酒をたしなまない父にとって、何より喫茶店が嗜好の場だったのである。中京の姉小路通高倉東入ルで生まれ育った父は、高校に入った頃から、堺町通に所在する『イノダコーヒ』や、四条小橋下ルに在る『フランソア喫茶室』などへ日参していたようだ。京都市内の喫茶店といえば『イノダコーヒ』の他に、河原町通三条下ルに戦後間もない頃から続く、『六曜社珈琲店』を忘れることができない。あるいは、四条河原町近くの『築地』や寺町京極の『スマート珈琲店』へもよく行った。それから河原町界隈ならば、今はもう閉店してしまった『タンゴ喫茶クンパルシータ』や『夜の窓』、四条通に在った『再会』や『トレッカ』なども懐かしく思い出される。

今は亡き両親にとって最も思い出深い喫茶店といえば、やは

父の抽象画４点が店内を飾る『六曜社』

『イノダコーヒ』本店・メモリアル館

昭和の遠い日々から歳月は移ろい、母もいなくなった晩年の父は、マイカーで京都市内へ出てきて、『六曜社』や『イノダコーヒ』でコーヒーを楽しむのが日課になっていた。『六曜社』は今時では珍しく喫煙が可能で、混めば相席になり見知らぬ客と向かい合わせになるのもごく当たり前。そうした店の雰囲気が、父にとってはとても心地良かったようだ。袖すり合うも他生の縁で、親しくなった人もある。煙草をふかしながら、初めて出会った人といつまでも雑談する父の姿が思い浮かぶ。

父が足繁く通い詰めていた、もう一つの喫茶店が『イノダコーヒ』本店と三条店だった。父は高校生の頃、堺町通に面した本店で、朝の一杯を飲んでから登校したりしていたという。当時、父が通っていた堀川高校の授業は、大学と同様、自分が登録した授業に間に合えば良かったらしく、コーヒーを飲むくらいの余裕があったのだという。父が高校生だった頃の『イノダコーヒ』と言えば、今在る本店の南側の一角だけで、メモリアル館として当時のまま残されている。

り『六曜社』と『イノダコーヒ』だと思う。特に『六曜社』は、父と母にとっての邂逅の場だったと記憶する。戦後も落ち着きつつあった昭和30年代初頭、母は就職難の中でも、より高給を得られる職場をいくつか渡り歩いたようだ。当時、夕刊紙『日の出新聞』（後に京都新聞と合併）の広告局にいた母は、行きつけの『六曜社』のオーナーからスカウトを受けたらしい。新聞社よりも高給を以て迎えるので、是非、人手不足を助けてほしいというのだ。母は転職することを親戚から反対されたようだったが、女一人生きていくのに、反対はするけど助けてはくれないではないかと、突っぱねたという。

　母は生前、『六曜社』で過ごした娘時代のことを、よく懐かしんで私に話してくれた。オーナー夫妻は母を我が娘のように、私生活でもいろいろ援助してくれたそうだ。父は河原町界隈に点在する、あちこちの喫茶店へ通い詰めていたようで、『六曜社』もその一つだった。今は亡き両親に確かめる術もないけれども、京都学芸大学（当時）の特修美術科を出たばかりで、中学の美術講師をしながら絵を描いていた父は、ここで母と知り合った。

　そしてあの頃は『六曜社』をはじめ、『フランソア』などへは、文化人がサロンの如く出入りしていたという。父から聞いた話では、『フランソア』には作家の堀田善衛や水上勉、俳優の宇野重吉や、時には川端康成の姿も見られたという。『六曜社』はジャコメッティを日本に紹介した、フランス文学者の矢内原伊作が常連客だった。そういえば『六曜社』には、どちらかというと学者が多く訪れていたと、母が言っていたことを思い出す。後に父と母は、矢内原夫妻の媒酌によって結婚した。

2019年1月・「六曜社」にて（手前は父）

いつも父がいた、喫茶店での情景である。ほんの数年前まで展開していた日常が、今となっては遠い過去のように去来したり、つい昨日のことのように思い出されたりする。私にとって、それがコーヒーという存在への印象だったりもする……。

【プロフィール】
藤波蓮凰（ふじなみれんおう）：1967年京都生まれ。浄土真宗本願寺派布教使（僧侶）。龍谷大学文学部仏教学専攻卒。著書『魚山余響略註 江戸時代後期、西本願寺の声明事情を読む』（法藏館刊）。
父／藤波晃（ふじなみあきら）：1934年～2024年。洋画家・文化芸術評論。京都教育大学 特修美術科西洋画卒。大阪芸術大学教授を務めた。

2018年5月・改装前の『イノダコーヒ』三条店

父は『イノダコーヒ』三条店へも好んで通った。大きな円形カウンターに座ってコーヒーを飲みながら、カウンター越しに店員の人たちと会話を楽しんでいたものだ。このカウンターもまた、人見知りしない父にとっては身近な社交場のようだった。父が車を運転しなくなってからは、私が連れて行くことが多くなった。本店へ行けば、新館（本館）奥のテーブルに座り、遅いランチを取り、続きにコーヒーを飲んだりしていた。父は必ずホットコーヒーを注文し、砂糖とミルクは必須だった。「お前も最近はコーヒーをよう飲むようになったなあ」などと、一緒に注文する私を揶揄するように笑っていたものだ。父からすれば私は、いつまでも苦いコーヒーを飲めない子供に変わりなかったのだろう。時には近所に住まう幼馴染みや教え子たちとも、ここで語らうのを楽しんでいた。

※『イノダコーヒ本店』はP76、『フランソア喫茶室』はP10、『六曜社珈琲店』はP68、『築地』はP72、『スマート珈琲店』はP70で紹介しています。

中京区界隈

烏丸通より東は、京都の繁華街・オフィス街の中心地。また、レトロ建物や町衆文化といった魅力が息づく。烏丸通から西の二条城エリアは、利便性もありながら、地元色が強くなる。

イノダコーヒ本店

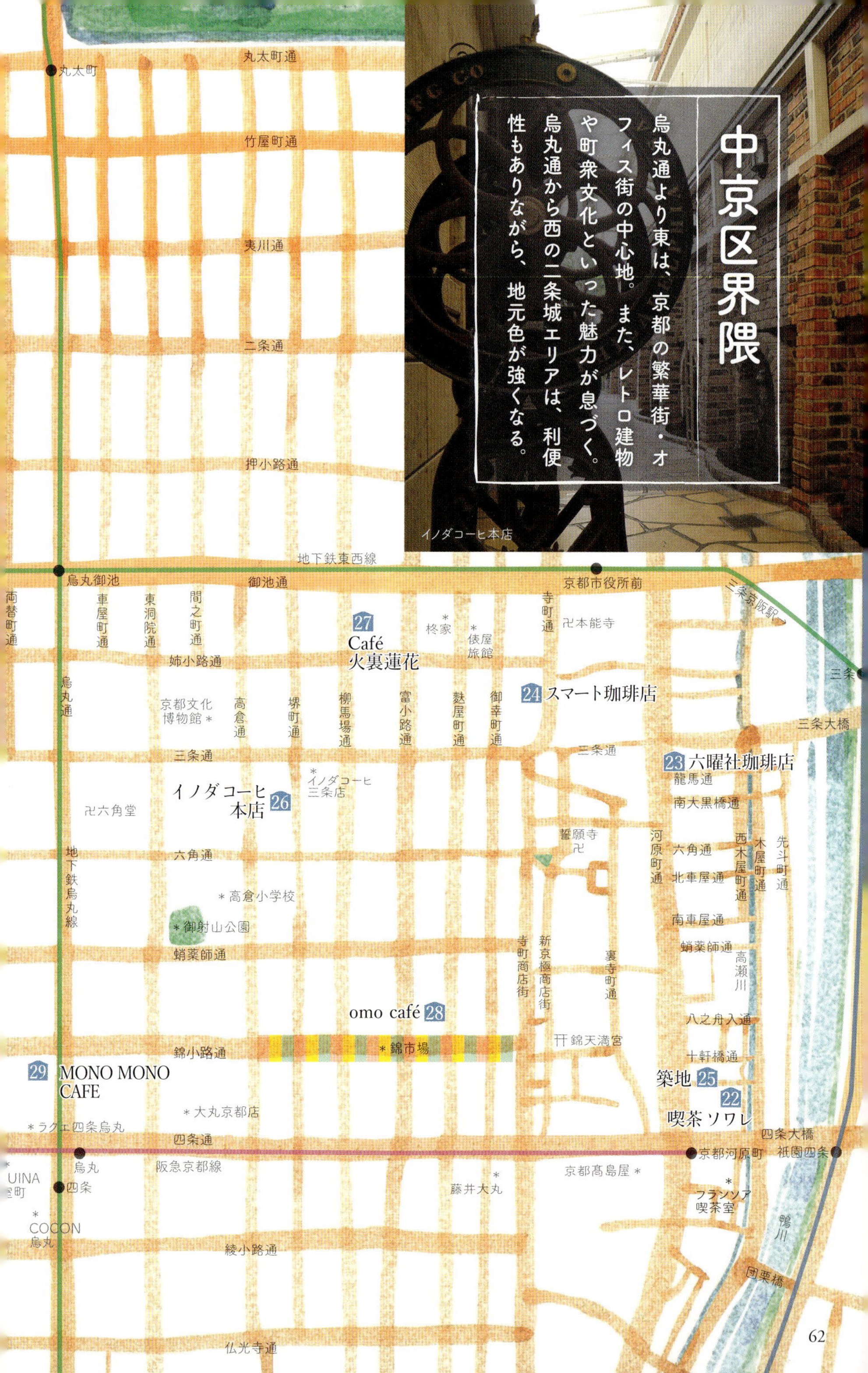

二条小屋

Café火裏蓮花

喫茶ソワレ

昭和にタイムスリップしたような幻想的な青い光に包まれる老舗喫茶店

「ソワレ」とは、フランス語で「夜会」や「素敵な夜」を表す言葉。四条西木屋町に1948年に創業した『喫茶ソワレ』は、アートと幻想的な夜のイメージを感じさせる店である。

ソワレブルーと呼びたくなる青い照明は、染色研究家の上村六郎によるもの。初代オーナーの元木和夫が「お客様が若く美しく見える効果がある」とのアドバイスを受け、創業時からこの色を採用している。1階は赤、2階は緑のソファが、この海の中にいるような空間に色彩のアクセントを添えている。BGMも創業当時から一切なく、静寂感や会話を楽しむのがソワレの流儀なのだ。

コーヒーは、昔ながらの味わいを大切にしたコク深い風味で、1階では、東郷青児の抒情的な美人画があしらわれたロイヤルブルーのカップで供される。グラスやコースター等にもイラストが採用されていてエレガント。初代オーナーが画廊を営んでいただけあって、東郷や佐々木良三、小磯良平などの絵が数多くかかり、アートな世界観にどっぷり浸れるのがいい。

［右］店内には、あふれんばかりの葡萄のレリーフが。この優美な作品は、日展作家・池野禎春によるもの。［下］昼間でも、幻想的な夜のムードが漂う。繁華街の中で昭和にタイムスリップして、思い出に残る時間を。

〔右上〕店の前には高瀬川が流れる。〔中央上〕テーブル椅子席のサイズは少し狭め。当時の人の体格にあわせた設計。〔左上〕創業時の彫刻、2代目の照明、3代目現オーナーのカーテンと、3世代に渡って豊かさの象徴である葡萄のモチーフが受け継がれている。〔下〕5色のゼリーがきらきら輝く「ゼリーポンチ」。これをお目当てに遠くから訪れる方も。

みんなが幸せな気分になれる カラフルなゼリーの秘密

　1975年のこと。昭和の中頃は、喫茶店はまだまだ男性が集う場所だった。そこで、2代目の妻が考案したのが、5色のゼリーが入ったゼリーポンチ。「女性のお客様も来てくださるように」という想いがこもったこのメニューは、透明なゼリーの異なる色が重なり合い、店の青い光を受けてきらきらと輝く様が目にも楽しく、現在では全国的なファンが多い。数量限定の時は売り切れで悲しむ人もいたため、いまは厨房を改良して数を確保し、お客様を待たせず、みんなが幸せな気分で食べられるよう工夫をしている。また、禁煙にしたことで壁が白いままになり、店内の青さに透明感が加わった。昔を知るお客様が「こんなにきれいで青かったのか」と驚いたほどだ。子供さんが「なんで青いの？」と聞いてくれたという微笑ましいエピソードも。

　現オーナーは3代目。古いものは壊さずに、時代にあったものを取り入れて、いまに受け入れられる店になるよう創意工夫を凝らしている。三世代に渡って続く美しき喫茶店。いま来てくれている方々が子や孫に伝え、次世代に渡り、来てくださるように願っている。

約1954年頃の外観写真：中央は舞妓さん
（写真提供：喫茶ソワレ）

Address 京都市下京区西木屋町通四条上る真町 95
Tel 075-221-0351
Open 平日 13:00～19:00（LO18:00）、土日祝 13:00～19:30（LO18:30）/ 月曜休

六曜社珈琲店

一階と地下、ふたつの店舗が共存する繁華街に佇む日常使いの喫茶店

河原町三条下る。トレードマークの清水焼のタイルに彩られた『六曜社珈琲店』は、街のサロン的なポジションで喫茶店文化を育んできた老舗である。豪華客船のイメージでつくられた店内はあたたかみのある雰囲気で、壁の木のあしらいも美しい。低めのソファが懐かしく、どっしりと腰を落ち着けてしまいそう。一階店と地下店のコーヒーの違いを味わう楽しみもあれば、地下店は17時から喫茶＋バータイムになるので、たまにはコーヒー以外もいいだろう。ひとりで静かに過ごしたり、連れとの会話を楽しんだり、お気に入りの豆を買いに来たり。老若男女が集う、懐かしい「日常使いの喫茶店」の風景。特に素敵なのは、モーニングのバタートーストとコーヒーの香りが混ざった、朝独特の香りが漂う時間帯。ここから、さわやかな京都の朝がスタートするのだ。

［上］定番のコーヒーとトースト。ゆで卵に嬉しい野菜ジュースが付けられる人気のモーニングは一階店で。
［左］1950年に、地下店からスタート。1966年に、一階店（右頁）を構えると同時に雰囲気が統一されて、現在に続く。

1985年より、当時ではめずらしい自家焙煎豆を使用。2種類のブレンドと各国のストレート豆を扱っている地下店は、お客様ごとに豆を挽く。

一階店で飲めるのは、ネルドリップのオリジナルブレンド。自家焙煎の新鮮な豆の香りが店内に漂っていて、ほっと落ち着ける。

賑やかな河原町商店街の並びに小さな間口。登り窯で焼かれた清水焼のタイルがおなじみのレトロな店構え。

Address 京都市中京区河原町三条下る大黒町40
Tel 075-221-2989（代表）
Open ［一階店］8:30～22:30（LO22:00）/ 水曜休
［地下店］喫茶タイム 12:00～17:00（LO16:30）、喫茶・バータイム17:00～23:00（LO22:30）/ 水曜休
Other ［一階店］喫煙可 ※ただし、8:30～12:00は禁煙 ［地下店］終日禁煙

一階店と地下店の両方で楽しめる、ドーナツとコーヒーのセット。

スマート珈琲店

店名のごとく気の利いたサービスを一子相伝のコーヒーとフードの味

落ち着いた風情の寺町専門店会商店街。御池通から三条通まで続くアーケードの下に佇む『スマート珈琲店』。店名の「スマート」には、「気の利いたサービスができる店を〝目指したい〟」という想いが込められている。オリジナルブレンドの珈琲は、濃い味の中に酸味や渋みが絶妙なバランスで共存していて、この味わいは豆と会話しながらの焙煎作業の賜物である。看板メニューのホットケーキは、オーダーが入ってから鉄板で1枚ずつ焼く。ムラのないキツネ色の焼き加減は美しく、お見事の一言だ。ホットケーキの生地づくりとコーヒー豆の焙煎など、最低限のベースは店長が一手に引き受ける。お客様が求めているのは、シンプルで懐かしい味。「何も変わらず、何も変えず」を信念に、祖父の時代から受け継がれてきた一子相伝の味を守り続けていく。

〔上〕壁も、椅子も、テーブルも、1932 年の創業当時から変わらない。壁掛けの振り子時計も懐かしい。〔左〕ふわっと美味しい「フレンチトーストセット」。甘すぎず軽くて、卵を使っているけれどあっさりしているのがいい味わい。

20 年前から使っているドイツ製の焙煎機は 5 代め。その前のものは、50 年ほど使っていたといい、店の味をずっと受け継いできた。

昔から変わらない衝立のガラスの奥にはキッチンが。その前には、カウンターがあったそう。

渋めの赤が印象的なオリジナルコーヒー缶。階段や壁際にいくつも積み上げられた、『スマート珈琲店』おなじみの光景。

男女がコーヒーを飲みながら楽しく語らうロゴマークのついたアイテムが、店内のいろいろな場所に飾られている。

Address 京都市中京区寺町通三条上る天性寺町 537
Tel 075-231-6547
Open 8:00 ～ 19:00　※2 階ランチタイム 11:00 ～ 14:30（LO）/ 喫茶：無休、ランチ：火曜休

築地

まるでヨーロッパの古城のような重厚感
アンティークな魅力満載の老舗純喫茶

四条河原町の路地裏、雑居ビルの間にレトロな外観で目を惹く洋館がある。京都の喫茶店文化の黎明期である昭和のはじめ、１９３４年創業の『築地』は、圧倒的な個性でひときわ異彩を放っている。

デコラティブな装飾がありながらも、明るくモダンな印象の外観だが、一転して店内はクラシックな重厚感に満ちていて、まるでヨーロッパの古城のよう。経年とタバコの煙で色が変わったのであろう飴色の壁さえも、この豪華な空間に幻想的なイメージを与えるのにひと役買っており、外観とはまた異なる優雅な魅力にあふれているのだ。

［上段右］四条河原町交差点から一筋北、夜に賑わう細い小道に今も佇む。建物の下部を飾る、色とりどりの泰山タイルは現代では貴重なもの。［上段中央］窓ガラス越しの風景は、まるでおとぎ話の世界のよう。［上段左］初代の住まいだった２階は、窓から明るい光が差し込む。［中段］２大看板メニューのムースケーキとウインナー珈琲。［下］いまにもヨーロッパの貴族が下りてきそうな、赤絨毯が映える華麗な階段。

京都で初めて提供した〝ほんまもんのウインナー珈琲〟

建物そのものがひとつの骨董品のような『築地』は、初代店主の原田邦雄が設計を手がけた。専門的に建築を学んだことはなく、自ら絵を描いて大工にイメージを伝えたというから驚きである。いまも店内に並んでいる、背もたれに装飾があしらわれた真紅のベロア張りの椅子も、彼がデザインしたもの。アンティークな調度品の数々も、往時からほとんど配置を変えていない。

そして、専用の深煎り豆を淹れてホイップクリームをのせた「ウインナー珈琲」にも歴史的なエピソードが。粗悪品が出回っていた終戦直後に、純正の生クリームを使った証としてホイップし、京都で初めて提供したのが始まりだそう。〝ほんまもんのウインナー珈琲〟と呼ばれる所以である。いまでも、『築地』でホットコーヒーと言えばこれで、なめらかな舌触りと愛らしいビジュアルで人気のムースケーキと併せて、看板メニューになっている。

現店主は、孫である3代目。店のこだわりは、代々受け継いだものを、何もいじらず変えないということ。店内に昔もいまもクラシック音楽が鳴り響く優雅な空間が、長く続きますように。

ビクター犬の置物の位置も、変わらずずっと同じ。どこにいるか探してみて。

Address 京都市中京区米屋町 384-2
Tel 075-221-1053
Open 11:00～17:00 / 無休
Other 喫煙可

イノダコーヒ本店

3つの異なる趣が楽しめる本店
コーヒーと相性がいい洋食メニューも

京都市内に6店舗を構える、有名な老舗喫茶店。堺町三条に佇む本店には3つの空間があり、それぞれが違った顔を見せてくれる。本館店内は、町家造の外観からは想像できないサロン風。大きなガラス窓越しの中庭と、吹き抜けの空間が心地よい。創業時の店舗を復元したレトロな旧館。創業時の調度品やコーヒーの器具が飾られる、資料館のようなメモリアル館。今日はどこに座るか、来るたびに楽しみが広がる。ネルドリップで淹れるコーヒーはもちろん、スイーツも喫茶店らしくていいけれど、フードにもこだわりのメニューが並ぶ。「京の朝食」は高級感のある洋風モーニングで、「京都の朝は、イノダコーヒの香りから」と称されたほど。お店仕込みのハヤシライスは、柔らかく炒めた玉ねぎと牛肩ロースがたっぷり。レトロな空間でいただく洋食は、また格別な味なのだ。

［上］メモリアル館で、創業者・猪田七郎のコレクションに囲まれながら。イノダ自慢のハヤシライスと、創業時からの看板コーヒー「アラビアの真珠」。［左］町家の風情漂う本館の外観。左の白い建物はメモリアル館。

気候のいい時期に、噴水のある中庭を満喫するなら、ガーデン席がおすすめ。ギンガムチェックのテーブルクロスがかわいらしい。

本館と旧館に挟まれた情緒あふれる赤レンガの通路は、緑で潤う中庭へと続く。「COFFEE INODA」の趣あるプレートに歴史を感じる。

創業時の店舗を復元した旧館は、サンルーム風。古いテレビが設置されていて、レトロムード満載。

フルーツの酸味と黒蜜の甘さのハーモニー。
寒天や白玉も入っていて
大満足な「クリームあんみつ」。

Address 京都市中京区堺町通三条下る道祐町 140
Tel 075-221-0507
Open 7:00 ～ 18:00（LO17:30）／無休
Other 駐車場有り／建物内：全席禁煙（喫煙ブース有り）、ガーデン席：喫煙可

Café 火裏蓮花（かりれんげ）

コーヒーと自慢のケーキを味わいに 石畳の奥にある路地裏の隠れ家へ

御池通と柳馬場通の交差点を南へ下り、建物の間の路地へ。このあたりは「俵屋」など老舗旅館も多く、素通りしがちな路地の奥は、車の音も届かないくらい静まり返っている。オリジナルレシピのカレーやピラフ、ランチなどもあるが、いちおしはケーキ。「まったりお抹茶ミルクケーキ」は、トッピングのぶぶあられと生クリームが絶妙で、半熟のようなやわらかさのケーキは口溶けなめらか。濃い抹茶ソースと絡めて食べると、甘さと苦味に渋みが加わって、これがまた美味。提供までの間は、机の上に置かれた本を読んでゆったりと待てるのもいい。中国の故事に由来する『火裏蓮花』という店名は、「火の中のような逆境の中でも美しく咲き誇る花」という意味。築150年の美しいお店で、日常を離れて静かにリラックスしてほしい。おひとり様も気がねなく。

27

Café quarirengué

［上］吹き抜けの天井にある天窓や玄関、坪庭の三方からやわらかく自然光が入り、織りなす陰影が美しい。雨の日は薄暗く、また異なる雰囲気をもたらす。［左］木の板を合わせたテーブルは、初代オーナーのハンドメイド。

長い路地の中間に位置し、石畳も風情がある場所。手押し式の古い井戸の周囲に茂るツタが窓枠にも絡み、意外なオアシススポットに。

ひとつひとつ丁寧に仕上げる、自慢の「まったりお抹茶ミルクケーキ」。コーヒーを合わせるなら、ブラックで飲むのがおすすめ。

階段裏のカウンター。一輪挿しの緑のディスプレイが、古い町家らしい白い土壁と黒い柱によくマッチして、照明があたたかみを添える。

Address 京都市中京区柳馬場通姉小路上る
柳八幡町 74-4
Tel 075-213-4485
Open 12:00 ～ 18:00（LO17:00）/ 火・水曜休

店内の至るところに飾られているガラスの美しい花器たちは、主張せず、さり気なく。お客様に癒しを与えてくれている。

omo café（オモカフェ）

空腹&しっかり食べたい時の救世主 釜飯まである「ごはん」カフェ

河原町通や錦市場にも近い、麩屋町通沿いにある町家で、創作料理や和スイーツが楽しめる『omo café』。コンセプトは「町家フレンチo・mo・yaのよさをもっと気軽に」。町家フレンチレストランの草分け的存在「o・mo・ya 東洞院」の姉妹店だけあって、空間も料理&スイーツも一筋縄ではいかない、心配りとおもしろさが魅力的な店である。夜はバル使いもできる、懐の深さが嬉しい。

築110年以上の元は乾物屋だった建物は、土壁や太い柱、光取りの虫籠窓など、お商売をしていた頃の空気をいまもまとっている。防空壕跡まであるのは意外だが、京都の旧家には防空壕を設けていたところが多かったとか。京町家の特別感もありながら、堅苦しさはないように内装や空間づくりが考えられていて、奥行きを生かして座席配置にゆとりを持たせるなど、居心地のよさはお墨付き。ひとりでも入りやすいカウンター席から、靴を脱いで上がる畳の大広間、団体客用には蔵を個室として開放するなど、どんな人・どんな時でも町家の隅々まで満喫できる。

[右] 元・乾物屋だった建物をリノベーション。中庭の一部をフロアにし、残った庭をガラス戸で囲んでいるのがおしゃれ。庭師の手入れが行き届いている。[下] 写真手前、床のガラス越しに見えるのは、なんと防空壕の跡。

［右］吹き抜けから光が差し込む奥のテーブル席。中庭を眺めながらお茶や食事を楽しんで。［中央上］「ごはんプレート」は、肉・魚・野菜など 6 種類のおかずの盛り合わせ。豪華な「和牛ローストビーフのひつまぶしセット」も食べ応えじゅうぶん。［左上］丹波大納言あずきを使った「おもぱふぇ」は、陶器のカップで。［下］麩屋町通に面した1階フロアには、乾物屋時代の大型金庫がどっしりと。

「ちょっとずつ色々」「夜にもランチを」を叶えてくれる

メニューには、「o・mo・ya」のフレンチの技術を駆使した、和＋フレンチの創作ごはんがずらり。「和牛ローストビーフのひつまぶしセット」は、ジューシーなお肉を日本風に釜飯で。おこげがしっかりついていて、最後はお出汁でいただく。和洋折衷の「ごはんプレート」は、「ちょっとずついろいろ」が好きな方にぴったり。「釜飯セット」は、鶏・鯛の定番ものから、パエリア、トマト、季節限定までと幅広く。人気の「おもぱふぇ」は、陶器の器にかけられた包みを開けると、中には和スイーツがたっぷり。抹茶のほろ苦シロップをかけて。また、器に素朴な表情を持つ信楽焼が使われているのも、ほっこり和みのポイントだ。

カジュアルな町家カフェだから、「敷居が低い店がいいけど、ちょっと特別感もほしいな」とか。昼夜不問でセットが用意されているから、「ランチ使いもしたいけど、夜遅くなった仕事帰りでも丁寧につくられたものをしっかり食べたいな」とか。空間づくりと同様、さまざまなリクエストにも対応可能な懐の深さ、一見矛盾した願いも叶えてくれる頼もしさでいっぱいの店だ。

古い木製の滑車など、昔の井戸の跡がカウンターキッチンの奥に残っている。

Address 京都市中京区麩屋町通錦小路上る梅屋町499
Tel 075-221-7500
Open 月・火・木曜 10:30～21:30（LO20:30）
/ 水曜、第1・3木曜休

MONO MONO CAFE
（モノモノカフェ）

祇園祭の山鉾町の町家でいただく 京都産湯葉を使ったガレットが人気

京都の繁華街の中心、四条烏丸の交差点から歩いてすぐのビルの谷間に佇む、絵本に出てくるようなかわいらしい一軒家。明治時代の町家をモダンに改装した『MONO MONO CAFE』は、植物やドライフラワーで彩られた癒しの空間である。メインのメニューは、ガレットとクレープ。テレビでも紹介された「京生湯葉・生ハムガレット」や、好きなガレットが選べてミニクレープまでついてくる平日のランチセットが人気だが、アラカルトやトッピングも豊富なので、食事からスイーツまで自由に楽しんで。2階のテラス席は限定6席なので、予約がおすすめだ。ここから見える蔵は祇園祭の時には会所となり、孟宗山が店の前に建つ。一年に一度、お披露目される町内の宝物。そんな京都の伝統が息づく山鉾町と美味しいガレットの組み合わせが、なんとも粋である。

［上］「平日のランチセット」は、キーマカレーのガレットをチョイス。みかんのクレープとドリンク付。テラスの向こう側には蔵がある。［左］木のナチュラルな色合いがさわやかであたたかい。心癒される和みのスペース。

店内にいれば、窓の向こう側の都会のざわめきも映画のワンシーンのよう。祇園祭・前祭の時には、ここから孟宗山の駒形提灯が眼前に。

伸びやかな吹き抜け構造だから、シンボルツリーが2階まで大きく枝を伸ばし、緑がぱっと目に飛び込んでくる。

烏丸通の向こう側からも目立つ、これぞビルの谷間の一軒家。昔ながらの町家が、モダンに変身。

「さて、料理教室に通おうかな？」
そんな気分になる、
かわいらしいディスプレイ。

Address 京都市中京区烏丸通四条上る笋町 686
Tel 080-4649-6946
Open 11:30 ～ 17:30（LO17:00）/ 不定休

喫茶マドラグ

2つの名店の流れを継承する喫茶
レトロに見えて新しいスタイルを追求

二条城の東、押小路西洞院に、渋めのブルーの看板が目を引く喫茶店がある。『喫茶マドラグ』は、地元の人々に愛された『喫茶セブン』の店舗を、伝説の洋食店『コロナ』のレシピを継承した店（詳細P96コラム）。その流れの中でオリジナリティを発揮し、絶妙なバランスで温故知新を成し遂げている店でもある。あまりの豪快な巨大さにオーダーした人が驚く、名物「コロナの玉子サンドイッチ」のほかにも、カレーやナポリタンなど「これぞ喫茶店」というメニューが並ぶ。

大切にしているのは、訪れる方が自分の時間を心地よく過ごせて、食事も行き届きボリュームがある「お客様本位」の店であること。伝統を継ぎながらレトロに留まらず、洗練されていながらどこか懐かしいのは、《暮らしの中の止まり木》という喫茶店文化の本質を守り、継承しているからこそなのだろう。

30
la madrague

［上］吹き抜けで窓が大きく開放感のある店内に、レトロなテーブルと椅子が並ぶ。［左］名店『コロナ』の味を受け継いだ、ふわふわ分厚い「玉子サンドイッチ」。ナイフで切って食べてもＯＫ。

凝ったインテリアや懐かしいアイテム満載な空間の中に、かつての名曲喫茶『みゅーず』から受け継いだ長椅子が息づいている。

『セブン』時代の看板など、往年の面影を残しつつ、現在の通りに違和感なくしっくり溶け込んでいる。

昔の雰囲気を6割、新しいものを4割というバランスで改装。常連も若い世代にも、寛げるように。

これは、パリの駅に貼ってあったポスターを輸入したもの。もともとオーナーのコレクションだったり、新たに集めてきたものだったり。楽しいインテリアやアイテムが、テーブルの横の壁やカウンターなどに並ぶ。

Address 京都市中京区押小路通西洞院東入る北側
Tel 075-744-0067
Open 8:00～18:00（LO 食事17:00、ドリンク17:30）
※食材がなくなり次第終了 / 不定休

二条小屋

二条城すぐの住宅街の中に現れる隠れ小屋で、最高のチルタイムを

世界遺産・二条城からすぐ。猪熊通を下った住宅街の中、知らなければ見過ごしそうな駐車場の奥にふっと『二条小屋』は現れる。元は戦後に建てられた1Kの住居だったという古くて小さい建物の中には、店主の抜群の感性と世界観が静かに炸裂している。

この建物を活かした絶妙な内装は、インテリア・設計事務所の勤務経験がある店主が自ら行ったという。印象的なL字カウンターも、徳島の杉材を貼り合わせてつくったもの。バインダーに挟まれたOPENのサイン。木板でつくられたメニュー表。繊細なドアノブや、剥き出しの黒い梁から吊り下がる電球。昭和な模様ガラスの窓際で輝く、整然と並べられたドリッパーとポット。空間の細部や小物にまで店主のセンスが光り、どこを撮っても絵になるほど。コーヒーカップは旅先や蚤の市で出会ったものがセレクトされ、ヴィンテージな柄に心が和む。極めつけは、店の奥にあるレコードプレーヤーとスピーカー。お客様がよい時間を過ごせるようにと、ジャズやクラシックが静かに空間を満たしてくれるのだ。

〔右〕カウンターで一杯ずつ、お客様の前に移動して淹れるハンドドリップコーヒー。とろけるようにやわらかい「キャロットケーキ」は、思わずレシピを聞いてしまう美味しさ。〔下〕外の緑と木の風合いが、和みをもたらす。

［上］一見「えっ、ここにカフェが？」と思うような外観かもしれないが、中にはめくるめく世界が広がっている。［右］椅子はなく基本はスタンディングだが、レコードプレーヤーとスピーカーを背に床に座ったり、後ろのベンチに腰かけたりと自由に過ごしてOK。［下］カウンターの中のキッチンスペースがしっかり取られていても、不思議と狭さを感じさせない。

ここで好きな時間が過ごせる店主のさり気ない心遣い

コーヒーは、浅煎りから深煎りまで5種類ほど。豆は神戸の老舗「萩原珈琲」の炭火焙煎。気候や季節によって豆の挽き目を変え、オーダーごとに丁寧に淹れられたコーヒーは味わい深い。

狭いのに開放感がある。素朴なのに洗練されている。古いのに新しい。一見矛盾するものが、〝無理なく、さり気なく〟共存しているのが『二条小屋』。例えば、店内の狭さに比してキッチンスペースが広いのは、自分がストレスを感じずに働きたいから。では、マイペースなのかと言えば、決してそんなことはない。訪れる方は、黙って静かにコーヒーを飲みたい人、触れ合いが好きで話したい人など千差万別。あくまでお客様に合わせて、淡々と仕事をしたり、会話を広げたり、気づけばその方の好きな音楽がさり気なく流れていたりとホスピタリティーがすごい。「自分に負担をかけず流れに沿うことで、家庭もお客様も大切にできますから」と店主は言う。自分が居心地よい空間なら、お客様も居心地よくいられるというシンプルな信条。だからこんなにもこの店に惹かれるのかと、旨いコーヒーを飲みながら納得した。

窓際の棚の上、ブリキのカップと
ドリップポットの間に、
ちょこんと鎮座した招き猫の急須と
目が合ってしまった。

Address 京都市中京区最上町 382-3
Tel 090-6063-6219
Open 11:00 ～ 18:00 / 火曜休、ほか不定休有り

改装前の建物

1968年4月・開店直後の外観
（写真提供：喫茶チロル）

喫茶チロル

二条城近くの地元のオアシス
〝救世主〟となった特製カツカレー

二条城の石垣と緑がすぐ近くに見える、御池通沿いにある『喫茶チロル』。三大人気のメニューは、京都らしい厚焼き卵の「玉子サンド」、「イタリアンパスタ」という名のナポリタン、そして〝チロルの救世主〟である特製カツカレーだ。時代と共に昔ながらの喫茶店という業態が衰え、創業者だった現店主の父が他界した10数年前。潮時かなと思った時に、京都を拠点に活動する劇団「ヨーロッパ企画」がチロル店内でショートムービーを撮影。映っていたカツカレーが「美味しそうだ」と評判を呼び、これをきっかけに客足が増えた。劇中でもチロルは度々登場し、全国からファンが訪れるそう。人が大好きだったというご両親の意思を受け継ぎ、地元のお客様に育てられたこの店の雰囲気は、親しみやすくてほっとする。このムードと美味しさが、広く愛されているのだ。

［上］テーブルは当時のカフェらしく小ぶりで、細い足の華奢な装飾が粋だ。椅子は革製クッションが付いていて、座り心地がよい。［左］この店の救世主！？ 三大人気の「特製カツカレー」。UCC直伝のネルドリップコーヒーは濃いめの味。

夕方は西日がきれいに入る。日よけの昔風のレースカーテン越しに、屋外のアイアンフェンスのフォルムが独自のシルエットを写し出す。

二面に大きな窓が取られ、いっぱいに陽が射し込むせいか、店内はいつも明るい。カウンター奥の厨房での光景は、山小屋のクルーのよう。

東側の壁には、昔の京都を撮影した先代の写真コレクションが。雑誌や新聞などの配慮も嬉しい。

Address 京都市中京区門前町 539-3
Tel 075-821-3031
Open 8:00 ～ 16:00（LO15:30）/ 日曜・祝日休

山小屋風の店内なのに、
錨のようであり、
帆船の帆のようでもあり。
海を思わせる照明。

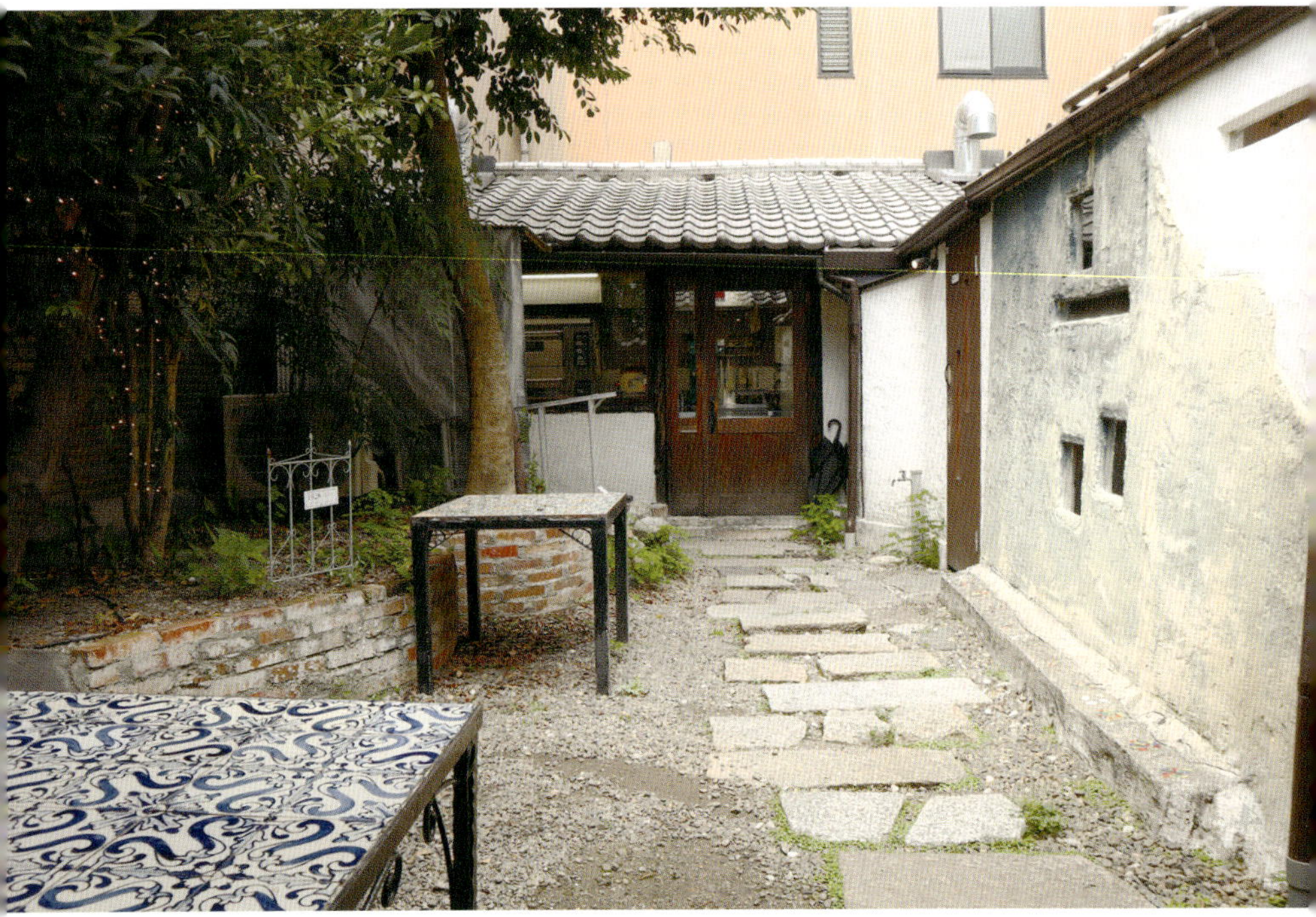

Sweets Cafe KYOTO KEIZO
（スイーツ カフェ キョウト ケイゾー）

絞りたての「10分モンブラン」を三条会商店街の町家カフェで堪能

二条城にも近い三条会商店街の中に、幸福な10分間を過ごせるカフェがある。提供されてからの賞味期限が10分という「10分モンブラン」は、全国区レベルの人気メニュー。低温で3時間焼いたメレンゲが周りのクリームを吸収して、エアリーなさくさく感からしっとりした食感へと変わるのが10分ということから、この名前に。離れの工房で仕上げるところを見せてくれ、席に戻ったら今度は味の変化を堪能できるという演出がおもしろい。好きな食事とケーキ、ドリンクが選べるお得なフルセットもあって、そのほかのメニューの充実ぶりまで至れり尽くせり。工房へ続く中庭にはタイルや野趣に富んだ石が埋め込まれていたりと、雰囲気あふれる工夫もいっぱい。町家をリノベーションしながら、ワイルドな空間づくりまで魅力的な、めいっぱい楽しめるカフェだ。

33

Sweets Cafe
KYOTO KEIZO

［上］店内入ってすぐのカウンターは、青く塗った木の風合いが素敵。［左］入り口から中庭のドアまで、床には赤い石敷きが一直線に続く。細長い建物がワンフロアで開放されていて、両方から光が入って明るいのがいい。

天井が高いので、カウンター席、ソファ席、テーブル席のどこに座っても開放感がある。中庭にはオープンテラスも。

梁や天井を剥き出しにし、敢えて粗く塗った壁の素朴な風合いなど、京町家のよさが引き立つ内装。

「恋い抹茶の 10 分モンブラン」は、宇治産の最高級抹茶を使用。2 種類のベルギー産チョコレートと北海道産生クリームの黄金比ブレンド。

常連さんに人気の「やまかけご飯」。アボガドと粘りの強いとろろの食感、お出汁のジュレとの相性のよさにハマる…

Address 京都市中京区御供町 291
Tel 075-821-0303
Open 10:00 ~ 18:00（LO17:30）/ 不定休

今はなき名店の思い出

『喫茶マドラグ』オーナー 山崎三四郎裕崇

私が喫茶店に初めて行ったのは幼稚園の頃、父親が働いていた寺町京極にあった老舗喫茶室『嵯峨野』。伏見稲荷という門前町に住んでいた私は、大都会に行くようなワクワクした気持ちで電車に乗った覚えがあります。当時コーヒーが飲めなかった私は、クリームソーダを飲んでいました。『嵯峨野』は日本で初めてカプチーノを出した店として有名で、デミタスコーヒーの上にメレンゲとシナモンスティック、今のフォームミルク式とは違い、社長がイタリアで見て日本に持ち帰りチューニングしたものが出されていました。横浜のホテルに伝わったナポリタンも然り、見た目や味を再現して日本独自に進化していく喫茶の源流がここにもあったのです。

そこから数年経過した学生時代、喫茶店で友人とお茶を飲むのが格好いいと思う時代が到来し、ガイドブックを手に片っ端から喫茶巡りをしていました。よく行ったのは『フランソア喫茶室』や『喫茶ソワレ』や『築地』。思い出深いのは、今はなき『タンゴ喫茶クンパルシータ』。

『喫茶セブン』を受け継いで『喫茶マドラグ』開店

2011年9月・『喫茶マドラグ』開店当初、妻（左）と

『喫茶マドラグ』は、以前、美味しい珈琲と優しいマスターで50年常連さんに愛された『喫茶セブン』と言う名店でした。ですが、2011年にマスターが他界。店は半年程眠ったままでした。その時期、京町家のカフェ・さらさグループの支配人をしながら、「自分はやはり現場仕事だ」と独立を考えていた私は、『セブン』のマスターの息子さんとご縁がつながり、「店を残しながら新しく商売をしてくれる人を探している」との話に共感。その年の9月に、『喫茶マドラグ』として開店することになったのです。

2010年・四条西木屋町にあった洋食屋『コロナ』
（写真提供：ヒトミの温泉グルメ日記）

『マドラグ』オープン当初は、『セブン』時代からの常連さんに昔の話をお聞きしながら、味や店のあり方を試行錯誤していました。あっという間に一年が過ぎ、ようやく新しい常連客も増えてきた頃。京都で活動されているフリーペーパー「音読（おとよみ）」さんから「『喫茶セブン』を継いでいる『マドラグ』に、最近閉店された洋食店『コロナ』の名物だった玉子サンドイッチを継いで欲しい」とのお話をいただいたのです。面白そうなお話だったので快諾しました。

コーヒーを頼んでも運良く早く来ても30分は待たないといけない、客同士で何分待ったか自慢が始まるほど出てこない、そんな名店でした。

まもなく私は『フランソア』でアルバイトを始め、休憩時間には近所の名曲喫茶『みゅーず』によく通っていました。『フランソア』のマスターには卵焼き定食が美味しい喫茶『扇』や、その後に私の人生を変える洋食店『コロナ』にもよく連れて行ってもらいました。お酒を飲める歳になってからは、河原町路地裏にあった喫茶『ジロー』でご飯を食べ、お酒を飲んだ後、丸善の地下にあった『アサヌマ』でフライドポテトとカフェオレを満喫して始発を待つ、という思い出があります。

時代は飛んで今、新しい世代の方達が喫茶の良い部分を残して、カフェの利便性を含んだハイブリットな喫茶店が出てきています。「喫茶とカフェの違いって何?」と聞かれることがよくあります。あくまで私個人の意見ですが、カフェは事業主の文化や好きな物をコーヒーと言うフィルターを通して発信する場所(海外での経験や自分が集めた本や好きなインテリア等)、喫茶はお客さんの文化や時間を、日々の生活の止まり木として受け止める場所だと思っています。カフェをピッチャーとするなら、喫茶はキャッチャー。私はどうも喫茶の方が性に合うらしく、今後も地道に喫茶店を続けていけたらと今日もシャッターを開けるのです。

洋食店『コロナ』の「玉子サンドイッチ」を受け継いだことが転機に

2012年6月頃・『コロナ』のマスター原さん(右)と

その後、当時97歳だった『コロナ』のマスターに『マドラグ』までお越しいただき、直接レクチャーを受けました。お陰様で、昔食べた味をしっかりと思い出すことができました。その後は雑誌やテレビの影響もあり、連日たくさんの新規のお客さんが来てくれるようになったのですが、昔からのお客さんからは「前のとは違う」という意見を聞くように。レシピ通りにつくることより、お客さんたちの思い出を継ぐことが大切だったのです。素材や焼き加減など、基本は崩さず手直しして今の形になりました。それからは、お客さんから「これを食べたかった」と言われるまでになったのでした。

【プロフィール】
山崎三四郎裕崇(やまざきさんしろうひろたか):
現在、『喫茶マドラグ』のオーナーをしながら、「京都喫茶文化遺産チーム」を立ち上げ、「街に残していきたい喫茶店」を守る。今後も若い世代へバトンを渡し、受け継いでいくための活動をしている。

※『喫茶マドラグ』はP86、『フランソア喫茶室』はP10、『喫茶ソワレ』はP64、『築地』はP72、『さらさ西陣』はP124で紹介しています。

Botanic Coffee Kyoto

左京〜上京区界隈

自然にあふれ、文化的な雰囲気の左京エリアと、京都御苑やかつての平安京を有する上京エリア。どちらも静かで落ち着いたなかに、学生街の雰囲気も混在しているところが特徴的。

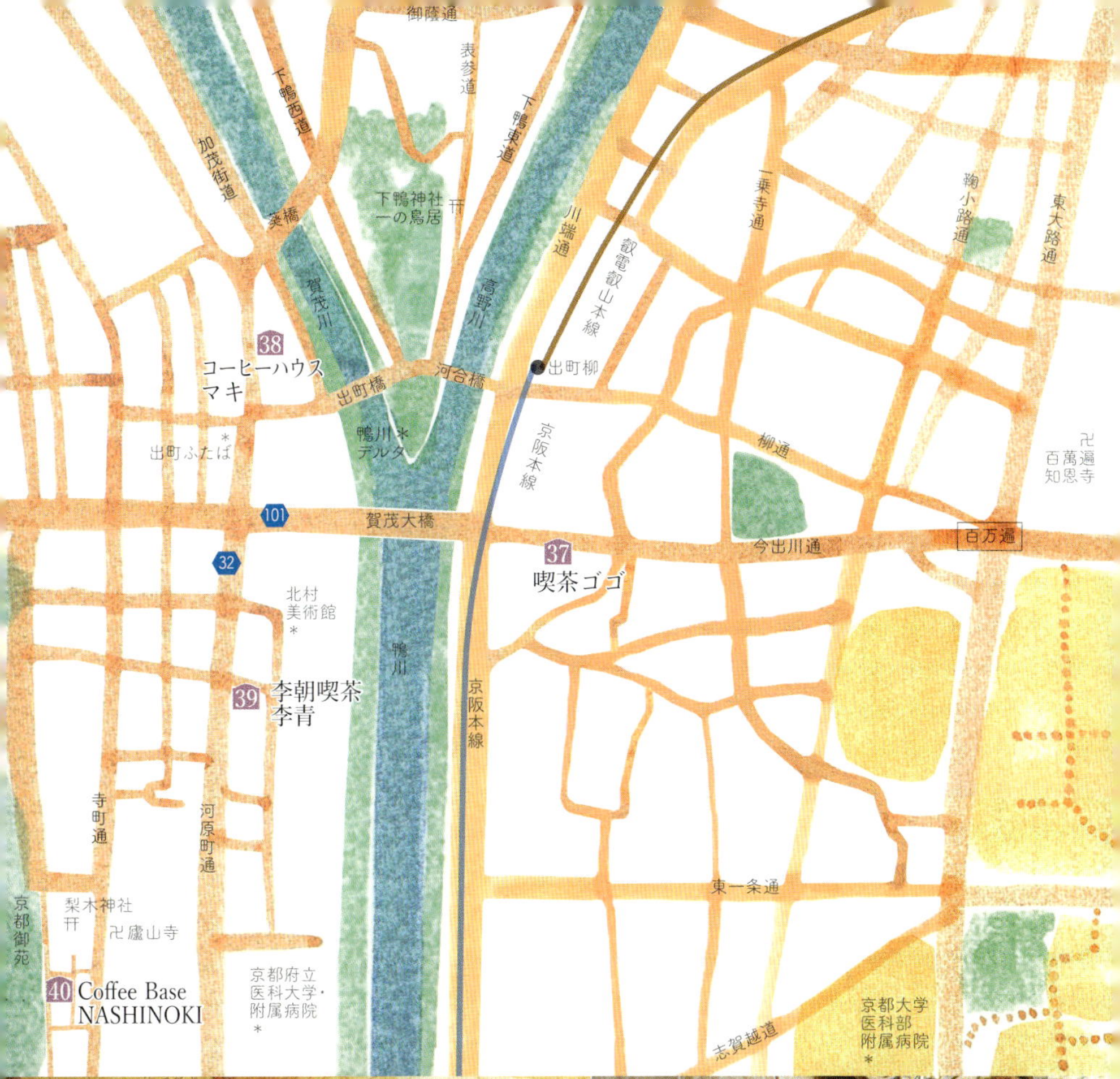
御蔭通
表参道
下鴨西道
下鴨東道
加茂街道
下鴨神社
一の鳥居
葵橋
川端通
叡電叡山本線
一乗寺通
鞠小路通
東大路通
賀茂川
高野川
38
コーヒーハウス
マキ
出町橋
河合橋
出町柳
鴨川デルタ
出町ふたば
京阪本線
柳通
百萬遍知恩寺
101
賀茂大橋
32
37
喫茶ゴゴ
今出川通
百万遍
北村美術館
鴨川
39
李朝喫茶
李青
京阪本線
寺町通
河原町通
東一条通
京都御苑
梨木神社
盧山寺
40
Coffee Base
NASHINOKI
京都府立医科大学・附属病院
志賀越道
京都大学医科部附属病院

李朝喫茶 李青

喫茶ゴゴ

GOSPEL（ゴスペル）

写真提供：GOSPEL

蔦の絡まる瀟洒なヴォーリズ建築の洋館で ゆったり心が休らぐランチ&ティータイム

哲学の道のほど近くに佇む、蔦に覆われたとんがり屋根の建物。御影石の階段を上がって、1階は予約制のアンティーク&喫茶『迷子』。『GOSPEL』へは、さらに2階へ続く木の階段を上がる。右側に置かれたワインの木箱は、せり出した梁に頭をぶつけないためだとか。細やかな配慮に感心しながら2階フロアに足を踏み入れると、イギリスのアンティーク家具に囲まれた優雅な空間が。お宅に招かれたかのような懐かしさが漂う。それもそのはず。元々は、オーナーの住まいとして「一粒社ヴォーリズ建築事務所」が建てたもので、創立者W.M.ヴォーリズの慈愛に満ちた居心地のよさが継承されている。

［上段左］2階への階段にも、ヴォーリズ建築らしいデザインや模様が。デッドスペースには秘密の小部屋も。［上段中央］書斎の主人になった気分でアフタヌーンティーを。［上段右］バターたっぷりのスコーンには、生クリームがぴったり。［中段右］ホワイトソースから手づくりのグラタンセット。［中段左］ジャズやクラシックのレコードコレクションは、なんと約2000枚。アナログの真空管アンプを通し、JBL社の名機パラゴンスピーカーから流れる音が、天井高4mのフロア［下］に静かに響く。広々とした空間は、建築当時お客様を招き入れるリビングだったとか。

お客様に最善の時間と空間を さり気なく最高のおもてなし

席の間隔がゆったり取られていてプライベート感のある店内は、窓に向かったソファやとんがり屋根の下の半個室まで、どこでも寛いで過ごせるのが嬉しい。そして、ドイツのSieMatic製のキッチンから提供される料理や飲み物は、どれも心づくしのものばかり。注文を聞いてから焼き上げるというスコーンは、イギリス仕込みの本格派。平日限定のランチ、定番の洋梨のタルトやお酒がほんのり香るチェリーチョコなどのケーキともセットにできる。

ランチは、煮込みハンバーグとグラタンの2種類。厳選した良質の素材を使い、サラダのドレッシングも自家製。セットのコーヒーや紅茶は、種類や温度など、メニューやお客様の状態に合ったものがさり気なく提供される。手入れの行き届いた床や調度品に至るまで、空間・メニュー・サービスすべてに「訪れるお客様が、最善の時間を過ごせるように」という、オーナーの真心が反映されている『GOSPEL』。それでいてこだわりは表に出さず、いつも変わらない当たり前のおもてなしを届けてくれる、その心地よさゆえ何度でもこの空間に帰ってきたくなるのだ。

天井の照明をよく見ると、あしらわれた金具に美しい鳥の彫刻が。

Address 京都市左京区浄土寺上南田町36
Tel 075-751-9380
Open 12:00～18:00 / 火曜休、ほか不定休有り

Botanic Coffee Kyoto
（ボタニック コーヒー キョウト）

多国籍なアンティーク空間が魅力的 ヴィンテージマンション地下の隠れ家

名前に「Botanic」とついているのも納得。哲学の道からほど近く、お店があるヴィンテージマンションが見えてきた時の、あふれる緑といったら。シンボルツリーのケヤキには鳥がよくとまり、夏はパラソルの代わりになるくらい陰になるのだそう。心地のいい屋外から中に入れば、アンティーク家具が置かれ、素敵なインテリアに彩られた空間が。アンティーク好きなオーナーが国内外から集めてきたアイテムは、この店内にいったいいくつの国が存在しているのかと思わせるほど。偶然分けていただいたという、春日大社境内に植わっていた、春日杉の木材を一枚板のカウンターテーブルに仕立てたり。空間、料理や食器に至るまで洗練されていて、本当にうっとりしてしまう。紅茶に数滴たらすブランデーの芳香とともに、この半地下の別世界に酔いしれて。

35

Botanic Coffee Kyoto

〔上〕黒胡椒がしっかり効いた焼き立て「ミートパイ」。チーズはとろとろ、パイはさくさく香ばしい。お皿はイギリス製、フンメル人形がついているワイングラスは西ドイツ製。〔左〕椅子は、オランダやイギリスの一点物など。

暖炉の部屋には赤いペルシャ絨毯が敷かれていて、青緑の壁とのコントラストがおしゃれ。コーナーテーブルは、イギリス製。

バターがふんわり香るスコーンは、テイクアウトもOK。これ目当てに訪れる人も。アールグレイといっしょに、優雅なアフタヌーンを。

奥の部屋の黒い椅子、元は教会のベンチ。オランダのテーブルランプと、ニュージーランドのベルも。

動物モチーフが愛らしい。
アメリカヴィンテージの
ウサギのソルトボトルと、
ヨーロッパの
アヒルの水差し。

Address 京都市左京区鹿ケ谷上宮ノ前町 54-7
Tel 075-366-4723
Open 9:00～18:00（LO17:30）
/月曜休、ほか不定休有り

茂庵（もあん）

吉田山山頂に佇む、絶景の庵カフェ
山登りの途中では大文字山が目の前に

吉田山のほぼ山頂近くにある『茂庵』。元は、大正時代の実業家・谷川茂次郎が吉田山の東側一帯を購入し開いた「茂庵庭園」という茶苑。最盛期には8つの茶室があったらしいが、現在残っている茶室は田舎席・静閑亭の2棟。カフェ『茂庵』は、食事をする場所であった旧点心席を活用してつくられた。木造の趣深い建物は、1階が土間の待合室。靴を脱ぎ、2階のカフェへきしむ階段をゆっくり上がれば、四方全面に窓が採られ、吉田山の木々の緑と光を満喫できる贅沢な空間が。パノラマビューやあちこちから聞こえる鳥の声に癒される、山頂の庵なのである。

山頂を目指すルートは主に「神楽岡コース」「北参道コース」「真如堂コース」「吉田神社コース」の4通り。その中でも、初めての方は比較的登りやすく、『茂庵』の入り口案内がある「神楽岡コース」がおすすめ。散策がてらゆっくり楽しめば大丈夫なので、時々休憩を取りながらゆるゆる歩くのがいいだろう。山道の途中で大文字山も目の前に臨めるので、それもぜひ楽しみにして登っていこう。

［上］吉田山の斜面の上に建っており、大文字山側が清水寺のような懸造りになっている。［右］2階のカウンター席からは京都盆地の絶景が眺められ、喧騒から隔絶されたロケーション。［下］山登りの後は冷たいドリンクで。

〔右上〕どの席からも様々な角度で山頂からの景色を眺めることができる。〔左段上〕ハーブティーと小さなお菓子。〔左段下〕茶室の裏方で使われていた机や椅子、脚立などがリフォームされて、さり気なく置かれている。〔下〕建物の四方に格子のガラス窓が張り巡らされているので、中に入った瞬間に360度の視野が広がり、迫力ある景観に心を射抜かれる。

茶苑跡のカフェにふさわしく喫茶のみの新形態で再スタート

実は、諸事情で2022年夏にいったん閉店していた『茂庵』。再開した2023年1月以降は、予約優先制になっている。また、以前あったフードメニューはなくなったが、変わらぬおもてなしの心で迎えてくれる。人気なのは、「アイスクリームの抹茶がけ」。別添えの点てたばかりの宇治抹茶は温かく、冷たくて甘いアイスとの組み合わせが絶妙。「ソフトドリンクと小さなお菓子」のセットなら、コーヒーや紅茶、ゆずソーダなど選べるドリンクは8種類。クッキーとキャラメルナッツきな粉がけが付くので、山登りで疲れた身体にプチチャージができるのがいい。そのほか、ケーキやプリン、イベントなど期間限定で軽食が復活する時もあるので、山登りルートやお休み・予約状況も含めて事前にホームページを確認することをおすすめしたい。

「わざわざ山を登ってやって来てくださるなんて、本当に嬉しい」とスタッフは言う。それは『茂庵』に対するお客様の想いでもあり、『茂庵』がお客様に提供する欠けがえのなさゆえ。大正末期に人をもてなすために建てられた茶苑、その原点に近づいてきている。

かつてお茶室で使われていた椅子がこんなにおしゃれに。いまも使われているのが素敵。

Address 京都市左京区吉田神楽岡8 吉田山山頂
Tel 075-761-2100
Open 12:00～17:00（LO16:30）/ 月・火曜休
※予約優先制

喫茶ゴゴ

先代の味と想いを誠実に受け継ぐ 昔ながらの喫茶店で寛ぎの時間を

出町柳駅からすぐ、今出川通に面したかわいらしい外観。店内の壁や天井の模様、シャンデリアや時計などの調度品に至るまで、１９６３年創業当初のままの貴重な昭和のレトロ空間が広がる。

「先代が続けてきたことを受け継いでるだけなんですよ」と、手際よくサイフォンを立てながら女性オーナーは気さくに笑う。義父に当たる先代のコーヒーはまろやかで、毎日飲んでも飽きない味。創業以来変わらないモーニングと共に幅広い年代のファンが多く、自家焙煎の豆も販売している。また、愛煙家に嬉しい「喫煙可」なのも昔ながらで、煙草が苦手な方は奥の席へ案内してくれる。お腹と心が満たされる、いつでも戻ってきたい店。クリームソーダのグラスいっぱいのアイスと受け皿の理由は、注文後ぜひ現地で聞いてみてほしい。

Address 京都市左京区今出川加茂大橋東入る田中下柳町 8-76　**Tel** 075-771-6527
Open 8:30 〜 17:00 / 日曜・祝日休　**Other** 喫煙可 ※受動喫煙を考慮し 20 歳未満は入店不可

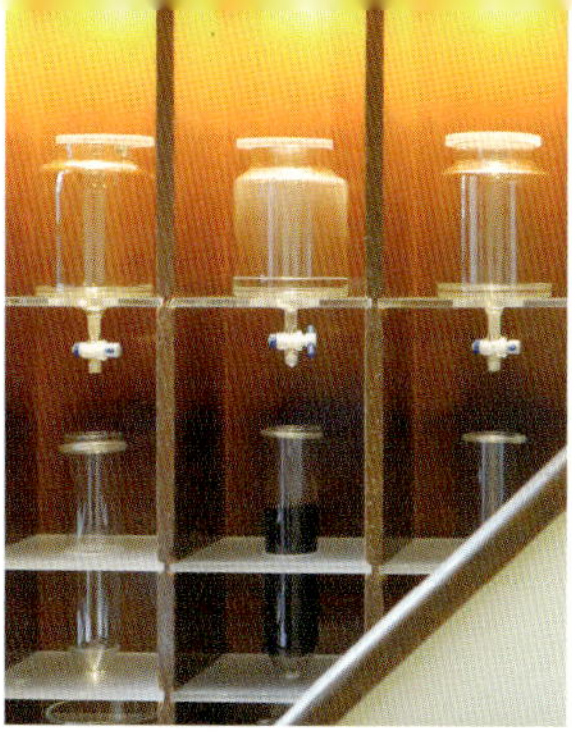

コーヒーハウス マキ
（COFFEE HOUSE maki）

出町柳の珈琲専門店でいただく フラワーボックスのようなモーニング

ロゴマークにもなっている、コーヒーミルが置かれた棚が印象的な店。人気のメニューは、まるでフラワーボックスのように盛りつけられたモーニング。四角いパンの耳の枠にぎっしり詰まった野菜には自家製ドレッシングがかかってボリュームたっぷり。分厚いトーストは、噛めばバターがじゅわっと染み出す。手づくりのポテトサラダと、花の形のゆで卵にほっこり。パンの耳に野菜を巻いて食べるのもいい。店主の父である先代が考案したこのスタイル。珈琲専門店だけあって、ブレンドを飲めば思わず「美味しい…」と声が出る。昔ながらの味を守るため、2階の焙煎機では豆に合わせて焙煎方法を変えているという。奇をてらったところがないのに、しっかりと特別がひそんでいる。本物はことさら主張しないのかもしれない。

Address 京都市上京区河原町今出川上る青龍町 211　**Tel** 075-222-2460
Open 8:30 ～ 17:00（LO16:30）/ 火曜休　**Other** 駐車場有り

李朝喫茶 李青（りせい）

「李朝」の家具や工芸品に囲まれて住宅街に静かに佇む韓国文化サロン

出町柳エリアの閑静な住宅街、北村美術館の近くに『李朝喫茶 李青』は佇む。「李朝」とは、14世紀から20世紀の朝鮮時代を指し、その時代の工芸品や家具なども意味する。オーナーは、自分のルーツである古きよき文化を紹介したいという想いで、オープンを決意。店内の建築の特徴は、土壁と朝鮮貼りの床。壁に土を塗る時はきれいすぎず下塗りのような状態にしてもらい、自然で素朴な風合いにこだわった。コーヒーなどもあるが、せっかくなら、韓国茶やオリジナルデザートがおすすめ。李朝を全身で浴びるこの空間にいると、単に物質的に消費するのではなく、文化に対するリスペクトが芽生えてくる。喫茶店の枠を越え、李朝を知り体感するためのサロン。故郷でなくてもなんだか懐かしい、不思議な一体感に浸るのがここでの素敵な過ごし方だ。

［上］李朝をメインに日本や中国、東南アジアの建具や調度品も並ぶ、アジアの文化が融合する空間。奥のグランドピアノは演奏会に使われる。［左］薬膳素材をブレンドした、味も香りも身体に優しい韓国茶と、絶妙な甘さが癖になる韓国餅。

資材が貴重なので大量生産はできず、すべて一点もの。また、一点ずつ形が違うのも韓国のおおらかさ。おおらかなものは安らぐ。

奥の竹の箪笥は、友人の父の遺産を譲り受けたもの。韓国では竹は貴重なので、貴族しか持てない王宮クラスの家具だそうだ。

李朝の扉や天然素材を使った内装。無機質なものは見えないように、繊細な配慮が行き届いている。

Address 京都市上京区梶井町 448-16
Tel 075-255-6652
Open 水～土 11:00～16:00（LOランチ 14:30、カフェ 15:30）/ 日・月・火曜休（夏季・冬季休業有り）
Other 駐車場有り

金曜限定のキムパセットは、スープとキムチ付。そのほか、冷麺やトックなど、ポピュラーな韓国食も楽しめる。

Coffee Base NASHINOKI
（コーヒー　ベース　ナシノキ）

梨木神社の旧茶室が境内カフェに京都三名水で淹れたコーヒーを

閑静な御所東エリア。萩の名所として有名な梨木神社の境内に、現存する唯一の京都三名水のひとつ、「染井」を守る貴重なカフェがある。京都御所から移築され、茶室として使われていた建物をリノベーション。境内に湧く名水・染井の水を使用して、自家焙煎のスペシャルティコーヒーを提供してくれる。ホット・水出しとも「ブレンド」と「シングル」が選べるが、ブレンドはまろやかさの中によい苦味が出て、シングルは酸味の後味が次第に変化していくのが特徴的。特に、氷まで名水を使った水出しコーヒーは、水の味がダイレクトに出てやわらかさと甘味が引き立っている。店内のスタンド、店外席の縁側、ベンチ、茶室と、好きな場所で寛ぎながら、その味と香りを堪能してほしい。季節ごとの風景が美しい京都御苑の散策の折に、神社参拝の後に、ぜひ立ち寄りたい名所だ。

40

Coffee Base NASHINOKI

［上］季節を感じながらコーヒーを堪能できる、玄関横の縁側席。［左］完全予約制のコーヒーコースは、北山杉を贅沢に使った別室で。コース料理のように、複数種のコーヒーとお菓子を順番に提供。所要時間は60分〜90分。

カウンター背後の白壁は、姫路城と同じ塗料だそう。四条烏丸の本店「Coffee Base KANONDO」から届く、焙煎したての新鮮な豆が並ぶ。

大黒柱が残る、高い天井の下のカウンター。テイクアウトのオーダーもここで。モノトーン調の店内には、スタンディング用のテーブルも。

名水を味わうために、四季を通して「水出しコーヒー」がおすすめ。栗まんじゅうとのセットもある。

水出しコーヒー用の点滴ドリッパー。2秒に1回の滴下で、一晩に3リットルできる。熱を加えずにコーヒーのエキスを抽出するので、お酒のような芳醇な味に。

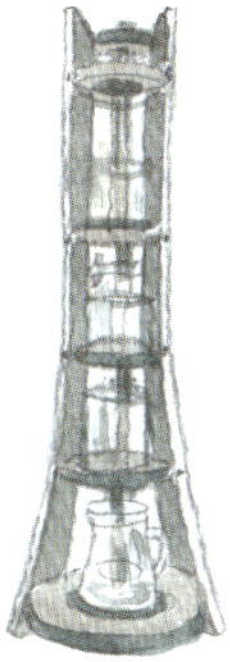

Address 京都市上京区染殿町680 梨木神社境内
Open 10:00 〜 17:00 / 無休

進々堂 京大北門前

「京大第二の図書室」と呼ばれる 現存する京都最古の喫茶店

大きな窓いっぱいに広がる、今出川通のイチョウ並木とそこを行き交う人々、塀の向こうの京大キャンパス。店内でひときわ存在感を放つ、重厚感のある黒い長テーブル。ここに座って、勉強をしたり読書をする学生の姿。これが『進々堂 京大北門前』のシンボリックな光景かもしれない。

創業は1930年。パンの修行のためにパリに留学していた創業者・続木斉が、学生街であるカルチエ・ラタンで見た光景に触発され、「日本でも、学生や先生が学び語り合えるカフェを」という熱い想いに駆られて、本格的なフランス風カフェとして開店した。ゆったりとした一枚板の長テーブルと長椅子のセットは、人間国宝で漆芸・木工作家の黒田辰秋が若き日に手がけたもの。黒田氏は、「200年は持ちます」と言ったらしい。その言葉通り、使い込まれて艶やかな光沢や傷は、数多の学生や教員、研究者がここで過ごした時間の長さを物語っている。京都の現役最古の喫茶店になったいまでも、創業者が学生街のこの店に込めた想いが引き継がれているのだ。

［右］赤レンガで囲まれた中庭には、テラス席も。［下］秋には今出川通のイチョウ並木が黄金色に染まり、季節の移ろいが感じられる。塀の向こうは京都大学本部構内。建物外壁まわりのレリーフや足元にも新しい発見が。

〔右段上〕「ブランチセット」のバゲットは、全粒粉のパンドセーブル。ポテトサラダは自家製。〔右段下〕ご飯の「カレーセット」だけではなく、バターをつけたロールパンの「カレーパンセット」も定番。〔左上〕このセピア色の空間で思い思いに過ごしたことが懐かしくなるような、店内の風景。〔下〕京大北門の前に佇む、風格あるレンガ造りの建物。

勉強しながら、議論しながら気軽に食べられるパンメニュー

『進々堂 京大北門前』は、京都におけるフランスパン発祥の店でもある。「未来を担う学生たちに、香り高いコーヒーと本物のパンを提供したい」という創業者の願いを元に、学生に喜んでもらえるようなメニューを開発し続けた。サンドやトースト類が充実しているのは、本を読んだり勉強していても、片手で食べやすいから。また、あらかじめコーヒーにミルクが入れられて出てくるのも、勉強や議論に夢中になってコーヒーが冷めてしまった時に、ミルクが混ざりにくくならないようにとの気遣いからだそう。学割メニューもあったりと、あくまでも学生ファーストなのである。そのほか定番&王道のモーニングセットや「クロワッサンサンド」「スコーンセット」など、地域の方に愛されるメニューもいっぱいだ。店内の本棚の上には、ウィリアム・ワーズワースの詩「虹」の額が。『虹を見て感動した気持ちを。大人になっても忘れぬように』という人間の情熱の大切さを語る内容で、若い方へのメッセージになっている。空間もメニューも、そして雰囲気も、「京大第二の図書室」にふさわしい喫茶店である。

頭を使って疲れた時は、甘いフルーツサンドもおすすめ。

Address 京都市左京区北白川追分町 88
Tel 075-701-4121
Open 10:00 ~ 18:00 / 火曜休

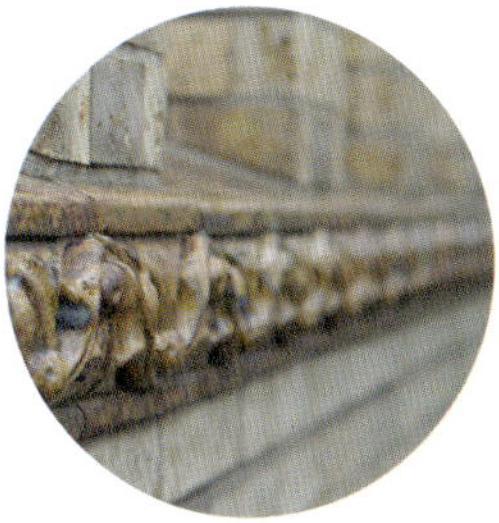

西陣・嵐山界隈

伝統工芸の街として栄え、いまでも織屋建の町家が残るノスタルジックな西陣。かたや嵐山は、風光明媚な景勝地。由緒ある古刹や文化遺産を巡る人々が絶えない、人気の観光地だ。

さらさ西陣

大徳寺卍
北大路通
西陣
＊船岡山
建勲神社
千本通
船岡南通
船岡東通
船岡温泉
智恵光院通
大宮通
鞍馬口通
藤森寮
さらさ西陣 42
うめぞの茶房 43
嵐山
嵯峨嵐山
JR山陰本線
←トロッコ嵐山駅
トロッコ嵯峨
TEA ROOM KIKI
50
京福嵐山本線
嵐電嵯峨
卍天龍寺
パンとエスプレッソと嵐山庭園
『エスプレッソと』
49
卍鹿王院
嵐山
48
eXcafe
京都嵐山本店
福田＊美術館
渡月橋
桂川
29
135
＊北野天満宮
Castella do Paulo
47
今出川通
元誓願寺通
cafe marble
智恵光院店
44
笹屋町通
卍浄福寺
浄福寺通
＊橘公園
中立売通
一条通
Cafe1001
46
45
SHUHARI KYOTO
京都西陣ろおじ店
御前通
相合図子通
七本松通
六軒町通
千本通
土屋町通
裏門通
智恵光院通
松屋町通
聚楽第
中立売通

『さらさ西陣』『うめぞの茶房』と軒を連ねる北棟。南棟とは中庭でつながり、ひとつの複合施設になっている。

鞍馬口通に面する北棟と、智恵光院通に面する南棟の２棟。入り口も北側と西側の２箇所ある。

北棟１階：文具や小物のクラフトショップは、人と人をつなぐアートスペース。

藤森寮

カフェ時間の合間に体験する手仕事のショップ&ギャラリー

高級絹織物・西陣織発祥の地である西陣には、情緒のある建物がたくさん残っています。次のページからご紹介するお店、『さらさ西陣』『うめぞの茶房』に隣接する、『藤森寮』を含めた横並びに町家が連なる一角は、大徳寺や船岡温泉も近く、ノスタルジックで迷い込んでみたくなるような冒険心をそそる不思議なエリアです。

鞍馬口通と智恵光院通の交差点南東角にある『藤森寮』。元学生寮だった築100年余のこの建物には、手づくりのショップやギャラリー、アートが体験できる工房など、9つのお店が集合しています。ちょっと中を覗いてみましょう。

中庭を挟んで、北棟・南棟の2つの棟が

Tel・Open は、各施設の SNS などからお問い合わせください。

南棟２階は、手づくり体験もできるガラス工房、ギャラリーやレンタルスペースになっている。

そのほか、北棟１階の彫金教室、２階のフェルト工芸や漆工房、写真専門のギャラリー、南棟１階の彫刻のアトリエなど９つ。訪れて・見て・触れて・体験して。自分らしさを発見しよう。

２つの棟をつなぐ中庭は、緑がのびのびと生い茂り、ちょっとした森のよう。咲く花や手水鉢に癒されて…。

あり、それぞれ1階と2階のフロアを自由にまわって見ることができます。個性的なテナントばかりなので、お気に入りを発見できたり、アートな世界に癒されたり、自分の作品をつくってみたり…と、趣味に合った時間を過ごせます。

『藤森寮』で、アーティスティックな時間を過ごした後は、お隣の『さらさ西陣』でボリュームランチを、その隣の『うめぞの茶房』でこれまたアートな和菓子に囲まれたカフェタイムを過ごすのも楽しいですね。ぜひ特別な一日を体験してみてはいかがでしょうか？

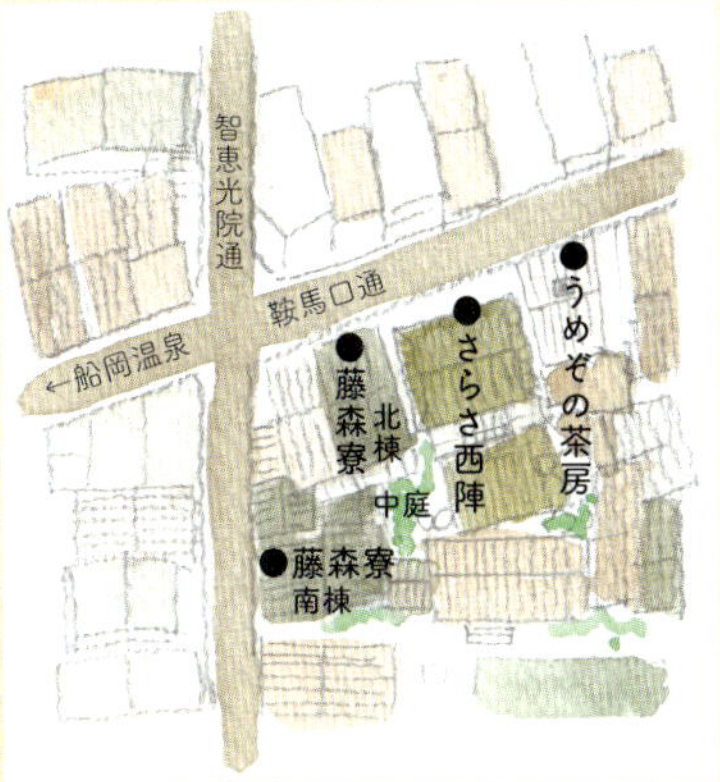

エリア MAP

Address 〒603-8223 京都市北区紫野東藤ノ森町 11-1　**HP** https://www.fujinomoriryo.com

さらさ西陣

和製マジョリカタイルが幻想的な元銭湯カフェは唯一無二の存在感

築90年以上の旧・藤の森温泉をリノベーション。老舗カフェ・さらさ2号店としてオープンした2000年から、ノスタルジックな街並みの鞍馬口通に趣を添える『さらさ西陣』。男湯と女湯の仕切り壁もそのままに、浴槽が眠る床下の段差など、古きよき銭湯の面影が随所に色濃く残り、びっしりと張られた和製マジョリカタイルの華やかさに圧倒される。「さらさ焼菓子工房」のケーキや、自社焙煎場の豆を使ったコーヒーをはじめ、がっつり系のプレートなど、メニューはバリエーション豊か。訪れる人を満たすのがお湯からフード&ドリンクに変わっても、銭湯本来のコミュニティスペースとしての役割は変わらない。ご近所から、遠くから…老若男女がまったり過ごす居心地のよさ。そして、サブカルやアートな雰囲気が醸し出す、独特の京都っぽさ。これぞ唯一無二。

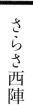

［上］貴重な和製マジョリカタイルに囲まれて。奥のブースは湯気抜きの吹き抜け構造で、天窓から光が差し込むのも元銭湯ならでは。［左］唐破風屋根が印象的な外観は、映画「千と千尋の神隠し」の湯屋を彷彿とさせる。

黒い足踏みミシンが出迎える店内に一歩入れば、音楽や映画などアート系のフライヤーやポストカードがあちこちに。月例ライブも開催。

男性でも大満足、ボリューミーな「トルコライス」。「タコライス」や週替わりランチもしっかり量があるので、お腹を空かせて来て。

立派な格天井から吊り下げられている照明が、空間の高さと開放感を引き立たす。レトロなタイルは、すぐ近くの「船岡温泉」と同じもの。

Address 京都市北区紫野東藤ノ森町 11-1
Tel 075-432-5075
Open 日～木曜 11:30～21:00（LO20:30）、
金・土曜 11:30～22:00（LO21:30）/ 水曜休
Other 駐車場有り

うめぞの茶房

和と洋を組み合わせた「かざり羹」とミニマルな美しさの店内が魅力的

京都市内で6店舗を営む老舗の「甘党茶屋 梅園」。その4店舗めとして、2016年に『うめぞの茶房』はオープン。それぞれの店が異なるコンセプトで展開しているが、ここ西陣エリアのノスタルジックで文化的な雰囲気にふさわしく、アートなスイーツがいちおしだ。「和菓子をもっと身近に感じてほしい」と3代め店主が考案した「かざり羹（かん）」は、フレンチの前菜を思わせる佇まい。しろあんやこしあんをベースに、フランボワーズやカカオなど、フルーツや洋のテイストを組み合わせた。ゼリーのような食感なのに、確かに羊羹のコクがある、あんこの可能性を突き詰めた一品だ。町家を改装したミニマルな店内は、ゆっくりしていると次第に心が洗われるよう。市街地から離れた場所にあるにも関わらず、遠くから訪れる方も多い理由がよくわかる。

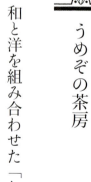

43

UMEZONO SABO

［上］白玉や寒天、かざり羹のほか、アイスやメレンゲ、ビスコッティまで。宝石箱のような「季節のパフェ」。［左］小さい世界に美しいものがぎゅっと詰まっている「かざり羹」は、まるで繊細な工芸品。これはレモンとフランボワーズ。

天窓があり、やさしい光に包まれた客席。梁や柱、壁面の風合いを生かした内装やインテリアに至るまで、「余白の美」に貫かれている。

階段を上がって、客席のある2階へ。1階の昭和レトロなショーケースの雰囲気に合わせて、茶房全体のイメージやインテリアを揃えたそう。

オーナーが古道具屋で出会ったという、1階のショーケース。陽光がすりガラスに当たり、奥の模様まできらきら光るのがノスタルジック。

懐かしさをまとう古道具たち。
手づくりの木の棚に飾られて、
思わず触ってみたくなる。

Address 京都市北区紫野東藤ノ森町 11-1
Tel 075-432-5088
Open 11:00～18:30（LO18:00）／不定休

cafe marble 智恵光院店
（カフェマーブル）

自社ビルの1階・2階がカフェフロア
公園隣で開放感のあるロケーション

今出川智恵光院の交差点を南に下り、公園目の前のレトロな雰囲気のビル。その1階と2階が『cafe marble 智恵光院店』だ。町家の風情漂う仏光寺店と同じく、自家製キッシュとフルーツタルト、季節のドリンクが看板メニュー。フロアごとに雰囲気が違う客席で、遅めのランチを味わうのもいい。南隣の公園にもフロアにも緑が多く、一面に大きな窓があって開放感抜群なので、本を読んだり、子供と過ごしたり、友人とおしゃべりしたりと、日常が特別になる感じが嬉しい。駐車場があるのも便利なポイントだ。また、3階は家具や食器などのセレクトショップで、地下はクラフトビールの醸造やコーヒーの焙煎も。せっかく訪れたなら、各フロアを楽しんでほしい。仏光寺店と同様、カフェはかわいい仕掛けのスタンプカード制なので、ぜひお気に入りの場所にして。

［上］席ごとに違うアンティーク家具は、セレクトショップで購入可能。［左］じっくり焼き上げられたキッシュプレートと季節のフレッシュタルト。丁寧に手づくりするのがお店のモットー。コーヒーやハーブティーと一緒に。

フロアのあちこちに小鳥の絵やモチーフが。飛んできた鳥たちが翼を休めるように、この店でゆっくり寛いでほしいからとか。

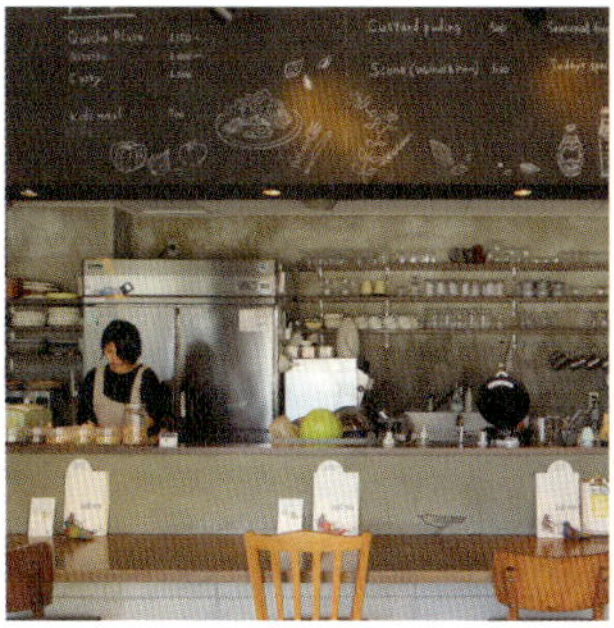

1階フロアには、オープンキッチンに向いたカウンター席と、屋外と地続きのような窓側の
テーブル席がある。

コンクリート打ちっぱなしだが、不思議とあたたかい雰囲気。席と席の間もゆったり取られている。

Address 京都市上京区笹屋町通智恵光院西入る
笹屋町 1-519 Marble BLDG.1-2F
Tel 075-451-8777
Open 11:30 ～ 20:00（LO19:30）／月・火曜休
Other 駐車場有り

2階のキッズコーナー。
絵本やブロックが用意されているので、
小さなお子さんが夢中になっている間に、
大人はゆっくりカフェタイム。
キッズメニューもあり。

SHUHARI KYOTO

京都西陣ろおじ店（シュハリキョウト）

西陣・路地奥のガーデンカフェで和束町産の日本茶を楽しんで

京都・和束町。鎌倉時代から続く、宇治茶の最大産地である。『SHUHARI KYOTO』は、和束町で自分たちが手がけた日本茶の美味しさを多くの人に知ってもらうため、土・日・月曜限定でオープンしている。オーナーは宇治出身。《宇治茶ブランド》を謳っていても、産地も不明瞭な茶葉がブレンドされている現状を憂い、単一農園の単一品種であるシングルオリジンを取り扱うことに。まず試してほしいのが、和束町産「おくのみどり」を使用した「シングルオリジン抹茶のラテ」。「こんなにたっぷりのミルクでラテにしたら、抹茶が味わえないのでは？」と思うかもしれないが、濃厚な旨みとまろやかな味わいが引き立ち、飲むごとに抹茶の深みが口に染み渡っていく。アトリエやショップが軒を連ねる「西陣ろおじ」の奥で、新しい日本茶の扉を開けてほしい。

45

SHUHARI KYOTO

［上・左とも］時代劇の世界にスリップしたかのような町家が連なる、路地奥に佇む風景。［右頁］「シングルオリジンの抹茶ラテ」と茶菓子たち。「抹茶ダクワーズ」には、オリジナル抹茶クリームが挟んであって、甘さ控えめ。

日本の抹茶文化は、外国の人にもとても人気。この店を気軽にカフェとして使って、日本・京都の雰囲気といっしょに楽しんでほしい。

「抹茶ラテ」は、１杯ずつその場で抹茶を点て、ミルクに注ぐ。ほんの少しだけ、オーガニックのアガペシロップを入れるのがポイント。

ろおじの共有スペースでお客様が待つ時は、扉を開け小さなカウンター越しに抹茶を注いでくれる心遣いが嬉しい。中庭で飲むのもいい。

大切に使われているのがわかる茶道具たち。
こじんまりと置かれているところに癒される

Address 京都市上京区東西俵屋町 144
京都西陣ろおじ（3号）
Tel 050-3702-1981
Open 土・日・月曜 13:00 ～ 17:00 / 不定休

Cafe 1001
（カフェ いちまるまるいち）

元工房のほっこりブックカフェ
実は全国的な「チョコミン党の聖地」

明治後期に建てられた西陣織の工房を改装。落ち着いた雰囲気のこのカフェは、実は「チョコミン党の聖地」と呼ばれる店。オーナーが大好きだったチョコミントを使ったメニューを始めたところ、次第にチョコミント好きの間で評判になり、全国から訪れる人で行列ができるまでに。人気なのは、どの層を食べてもチョコミントの風味が絶妙なパフェ。好きな手づくりケーキが選べるセットは、「カフェ工船」の豆を使ったコーヒーか芦屋の専門店「Uf-fu」の紅茶といっしょに。そもそも、ここはブックカフェで、「ゆっくり本を読んでほしい」と、あふれかえっていた自分の趣味の本を置いたのが始まり。猫本コレクションが充実しているので、本好き・猫好きの方にもたまらないはず。オーナーの〝好き〟がたくさん詰まったほっこり空間を、ゆるっと満喫してほしい。

［上］ボリュームに驚く「チョコミントパフェ」。特注のアイスとゼリーにシフォン、グラノーラなど、いろいろな食感を楽しめる。［左］映画やサブカル系のポスターが貼られた土間のテーブル席。蔵や大きな金庫なども店内に残っている。

柱や梁、土壁などをそのままにしていて、風情たっぷり。奥には、小上がりの板の間と箱庭が。靴を脱いでゆっくり過ごせるのがいい。

絵本や猫本、アートやポップカルチャーなど、蔵書はなんと2000冊以上。スイーツが来るまでの間に、ゆっくり手に取ってみて。

店が面している一条通と近くの千本通から、「1001」という店名に。玄関の昭和なガラスが、素朴で素敵な雰囲気だ。

昭和な黒電話。
古い箪笥や大きな金庫など、
懐かしのアイテムだけでも
見ごたえ充分。

Address 京都市上京区泰童町288
Open 12:00～17:00（LO16:00）／不定休

Castella do Paulo
（カステラ ド パウロ）

北野天満宮・大鳥居のすぐ横に建つ ポルトガル伝統菓子の専門店

北野天満宮隣、築100年の造り酒屋の蔵に出逢い、日本初のポルトガル菓子専門店を開いたリスボン出身のパウロさんと日本人の智子さん。長崎で修行したパウロさんは、本国ポルトガルにカステラを〝里帰り〟させるため、リスボンで開業。実はポルトガルにカステラはなく、地方ごとに違うタイプが愛されているパォンデローというお菓子が原型と言われている。今度は、ポルトガルの伝統菓子と文化を広めるため、京都へ。「本物を伝えたい」というふたりの熱い想いでつくられたお菓子たちは、卵黄のコクと旨みのある甘さが濃厚なコーヒーにぴったり。カステラとパォンデローのほか、名前と見た目だけでも「これってどんなお菓子ですか？」とわくわくするショーケース。もしも「カステラの神様」がいるのなら、この光景を見てきっと微笑んでいるに違いない。

47
Castella do Paulo

［上］元は蔵らしく、1 階はいい感じにほの暗くて、2 階は伸びやかで明るい店内。［左］ショーケースにずらりと並ぶポルトガル菓子は、アクセサリーのようなかわいらしさで、思わずうっとり。全部食べてみたくなる。

コップ入りの温かいカフェラテは、ポルトガル独特のスタイル。3 種類のパォンデローと、カステラの盛り合わせを食べ比べながら。

小物やアイテムが、異国への郷愁を呼び起こす。つまみとワイン、干し鱈コロッケのランチなども楽しんで。

長崎の老舗「松翁軒」で一流を学び、リスボンで開業したパウロさん。京都でも菓子づくりの腕をふるう。

Address 京都市上京区御前通り今小路上る馬喰町897蔵A
Tel 075-748-0505
Open 9:30～18:00、喫茶 9:30～17:00（LO16:30）/
水・木曜休（25日が水・木曜と重なる場合は金曜休、
水・木曜が祝日の場合は営業・金曜休）
※毎年 6 月下旬から 7 月中旬は休業

写真提供:eXcafe

eXcafe 京都嵐山本店
（イクスカフェ）

純和風建築と迫力あるアートの融合
自分で焼くお団子が定番メニュー

京福線「嵐山」駅から歩いてすぐ。路地裏にひっそりと佇む昭和初期の邸宅をリノベーション。当時の面影をできるだけ残しながらも、キーヤンこと木村英輝氏の絵が壁や襖をダイナミックに彩る、昔と現代が交錯する空間。その一方で、メニューは長く愛される定番のものをしっかり守っている。七輪の炭火でお団子やお餅を自分で焼く、出来上がりを待つのも癒される時間。冬には「ほっこりぜんざいセット」も人気だそう。そして、猫型食パンのモーニングなど、遊び心も忘れないところがニクい。建物の周囲には約400㎡もの庭園が広がり、テーブル席やソファ席、座敷席、山荘のような窓際の席、どの季節に訪れても、京都の風情にすっぽりと包み込まれるのが素敵だ。アートで・トラディショナルで・贅沢。ついつい長居したくなるのもうなずける。

［上］柱や天井の黒、建具の茶色、座布団や毛氈の赤。それぞれのコントラストがモダンな純和風建築で、お団子やパフェなどの和スイーツがいただける至福の時。
［左］嵐山の街並みに溶け込む、風格のある門構え。

和室の襖いっぱいに描かれた、躍動感あふれる赤獅子たち。白獅子の間も。肉球まで描かれているので、ぜひ間近で紅白のアート鑑賞を。

七輪でお客様が自らお団子を焼く「ほくほくお団子セット」。20年近く前の創業時から変わらない定番メニュー。

入り口には、黒い壁一面に青い葉の黒牡丹が。庭園の樹々の緑も美しく、まさにアートと自然の競演。

嵐山観光前に、
かわいいモーニングを。
猫型食パンは、
七輪で好きな焼き加減に。
添えられたあんとバター、
みかんやホイップクリームで、
猫の顔を描くのも写真映え
しそう。お団子とドリンク付。

Address 京都市右京区嵯峨天龍寺造路町35-3
Tel 075-882-6366
Open 9:00～18:00（LO17:30）／無休

パンとエスプレッソと嵐山庭園

『エスプレッソと』

江戸時代の重厚な古民家がカフェに
注目は京都らしさ満載の限定メニュー

渡月橋や世界遺産・天龍寺近くの絶好ロケーションに、豪農の邸宅として使われていた築210年の建物を移築・リノベーションしてオープンした「パンとエスプレッソと嵐山庭園」。カフェ『エスプレッソと』は、その貴重で贅沢な空間を存分に体感できる。室内は、高床の座敷を一部フローリングにしたテーブル席、座敷席、半個室など。近接する古民家を改修したベーカリー工房『パンと』の間に横たわる、枯山水庭園の樹木や苔の美しさにうっとりしたり。注目は、京都らしさにこだわったメニュー。プレートセットの内容や出汁を使ったパニーニなど、店長とスタッフがいっしょに試行錯誤しながら、京都産の良質な食材を使ったものを考案している。縁側の席もあるので、庭園を間近に眺めながらパンとコーヒーをお供に、日常を離れたリラックスタイムを。

BREAD,ESPRESSO &
ARASHIYAMA GARDEN &

〔上〕太い梁が広々とした空間を支えるカフェスペース。入り口から奥へと、砂利敷の通路が続いている。〔左〕大きな藁葺き屋根の古民家は、江戸時代後期に建てられた「旧小林家住宅」を移築したもので、京都府指定文化財。

美味しい野菜たっぷりで、人気の「モーニングプレート」。季節のホットドッグに「川勝」の壬生菜の漬物が入っていたりと、京都風。

「八十八良茶舎」の抹茶を使った「抹茶のティラミス」は、風味豊か。格子の窓越しに瑞々しい緑を眺めながら、穏やかな時間を過ごせる。

5種類のパンに、ハム、チーズ、サラダ、フルーツサンドやカヌレ、季節の小鉢などがてんこ盛り。和風の「ブランティーセット」。

Address 京都市右京区嵯峨天龍寺芒ノ馬場町 45-15
Tel 075-366-6850
Open 8:00～18:00（LO17:00）／不定休

TEA ROOM KIKI

紅茶&スコーン専門店 京都・嵐山本店

イギリス伝統のクリームティーを元郵便局のレトロ建物で楽しめる

大正10年築の郵便局だったかわいらしい外観と、木を基調にした落ち着いた店内。重ねてきた時間を大切に抱きしめているかのような建物で、イギリス伝統の「クリームティー」を楽しめる。これは紅茶とスコーンを一緒に味わう喫茶習慣のことで、さくっとした食感がクセになるカントリー風スコーンには、ジャムと濃厚なクロテッドクリームをあふれるほどたっぷりつけて。紅茶は、30種類以上の茶葉からスタッフがおすすめをランダムに淹れてくれるティーフリースタイルで、人気の観光地でも食事や会話を自由に楽しんでもらえるようにという心遣いだ。イギリスの老舗ブランド「バーレイ」の食器は柄が繊細で美しく、気持ちがあがる。伝統や歴史を大切にするのは、京都とイギリスに共通する姿勢。風光明媚な嵐山と優雅な英国風ティータイムの相性抜群なのだ。

TEA ROOM KIKI

［上］クリームティーとサンドウィッチ、サラダ添えのキッシュパイという贅沢な「KIKI's ランチサービス」。ティーフリーが付いているので、満足感大。［左］さり気なく、郵便局時代の棚が今も現役で使われている。

やわらかく自然光が降り注ぐ1階のカフェスペース。郵便局時代の天井板を取り外して、伸びやかな空間にリノベーションしている。

スコーンを手で割って食べるのが、イギリスの正式なマナーなのだとか。添えられるジャムとクロテッドクリームは、お店の手づくり。

1階カウンター内にある、特注のタイル張りの丸テーブル。スタッフが紅茶専門店「amsu tea」の茶葉をセレクトし、丁寧に淹れてくれる。

Address 京都市右京区嵯峨天龍寺車道町1
Tel 075-432-7385
Open 10:30〜18:00（LO16:30）／不定休

学生時代のカフェの思い出と、大人になっても冒険したい京都

私が初めてバイトしたカフェは、今では京都で数店舗を展開する町家カフェの老舗、富小路三条の（今はなき）『さらさ』1号店。まだ開店して間もない頃だったと思います。知人の紹介ではあったけれど、冒険心旺盛な私の動機は単純で、「当時大好きだったミュージシャンが来そうなお店だから」という理由でした。

その頃は、喫茶店からスタイリッシュでおしゃれなカフェが流行りだした時代で、町家を改装したカフェは珍しく、世の中のバブル全盛期とは時空を異としたような、アーティストや文化人、外国人（当時は少なかった）など、個性的なお客さんが多かったように思います。小さい4人分のカウンター、一階でつくられたメニューを引き上げる木箱に紐を通したリフト、廃小学校の体育館から引き取ってつぎはぎで打った床板はすべて手づくり。今でこそ市内で数店舗を構える人気店に発展しましたが、その頃は比較的広い町家2階の店内は、カウンターの常連さんらしき人以外、テーブル席はたまにしか埋まらず、私たちスタッフは時間を持て余すことが多かったという、サブカルチャー的な知る人ぞ知るような存在の店でした。

学生時代の数年間だったけれど、そこでの出会いや経験は、今でも私の大切な財産になっています。バイト代を稼ぐというより、好きなお店で働くことの方が大切だったりした時代。そして令和の現在でも、様々に変わりゆく中でも消えゆくものと残るもの、新しく生まれるものが混じり合い、人々の間できっとまた新しい文化が形づくられてゆくことでしょう。

この本をつくるに当たり、たくさんの取材をして、どのお店にも共通して感じたことは、古いものを大切にし、新しいものに対応していく姿勢です。それは、昔ながらの茶屋、昭和から続く喫茶店、古い建物をリノベーションしたカフェにも言えます。昔から、新しいものが好きで、舶来のものをいち早く取り入れてきた京都。その一方で、古き良きものを守り続ける京都。だからこそこの街では、古いものと新しいものが融合して、訪れた人が感動する素晴らしい化学反応を生むのではないでしょうか。それこそが私の大好きな、京都独特のレトロ文化だと感じるのです。そして年を経るごとに、まだまだ潜んでいる大好きなものや場所を見つける冒険を続けていきたいと心に誓うのです。

レトロモダンな建物が多くて、パンが大好き、そしてカフェが大好きな人々の街。そんな京都の魅力を知ってもらいたくて『京都 レトロモダン建物めぐり』『京都 パンで巡るおいしい古民家』に続き、念願の『京都 レトロ喫茶とカフェ巡り』を出版することができました。この本を手に取ってくださったあなたが、何かを感じ取っていただいたり、どこかのお店に足を運び幸せな時間を過ごしてくださったとすれば、心からこの本をつくってよかったと思います。あなたの旅や街歩きに、素敵なお店が加わりますように。この本に出会っていただき、誠にありがとうございました。

片岡れいこ

1988年頃、著者がいた頃の『さらさ』1号店カウンター。［左］『京都 パンで巡るおいしい古民家』掲載の『かもがわカフェ』オーナーAsakaさん。［中央］バンド『ベイビーズベイビー』ボーカルの（故）IKUKOさん。

＊著者プロフィール

片岡れいこ（執筆・取材・撮影・編集・イラスト・デザイン）

京都在住クリエイター。生まれ育った河原町の鴨川近くで、今もアトリエを構える。

1989年、京都市立芸術大学美術学部版画専攻卒業。グラフィックデザイナーとして8年間の勤務を経て、イギリス留学後に独立。現在、日本版画協会準会員。映画監督として京都を舞台にした作品を撮る。代表作『ネペンテスの森』『華の季節』『つぎとまります』。京都の古くて懐かしいものや美味しいものが大好きで、日々の創作活動に取り入れている。そうして見つけてきた、お気に入りの場所を凝縮した著書**『京都 レトロモダン建物めぐり』『京都 パンで巡るおいしい古民家』**（メイツ出版）に続いて、本書でも京都のとっておきの場所を紹介する。
＊アトリエニコラ URL http://a-nicola.com/

▼著書（メイツ出版より）
・『カナダへ行きたい！』
・『イギリスへ行きたい！』
・『イラストガイドブック 京都はんなり散歩』
・『トルコイラストガイドブック 世界遺産と文明の十字路を巡る旅』
・『乙女のロンドン かわいい雑貨、カフェ、スイーツをめぐる旅』
・『北海道体験ファームまるわかりガイド』
・『京都 レトロモダン建物めぐり』
・『京都 パンで巡るおいしい古民家』

＊制作スタッフ

板垣弘子（執筆・編集協力）
清水基子（取材協力）
宮田薪　（取材協力）
伊藤優子（取材協力）

※本書の情報は、2025年2月のものです。お店の事情や時勢などの影響により、営業時間や定休日などが記載と異なる可能性がありますので、お出かけの際にはHPなどで必ず事前にご確認ください。

京都 レトロ喫茶とカフェ巡り

2025年4月5日　第１版・第１刷発行

著　者　片岡れいこ（かたおか れいこ）
発行者　株式会社メイツユニバーサルコンテンツ
　　　　代表者　大羽孝志
　　　　〒102-0093 東京都千代田区平河町一丁目 1-8
印　刷　株式会社 厚徳社

◎『メイツ出版』は当社の商標です。

ご意見・ご感想はホームページから承っております。
ウェブサイト https://www.mates-publishing.co.jp/

企画担当：清岡香奈